SECRETS D'OISEAUX

Infographie: Luc Lapierre
Illustrations anatomiques: Michel Marseille

Les illustrations d'oiseaux utilisées dans cet ouvrage sont extraites des archives du 19ᵉ siècle réunies dans le volume *Animals* (Dover Publications, New York, 1979) et provenant notamment de gravures sur bois, d'ouvrages anciens et du périodique français *La Nature*.

Données de catalogage avant publication (Canada)

Gingras, Pierre

  Secrets d'oiseaux

  (Collection Nos amis les oiseaux)
  Comprend des références bibliographiques.

  1. Oiseaux. - Mœurs et comportement - Québec (Province).
  2. Oiseaux - Québec (Province) - Alimentation.   I. Titre.   II. Collection.

QL685.5.Q8G55   1995   598.29714   C95-941050-3

DISTRIBUTEURS EXCLUSIFS:

• Pour le Canada et les États-Unis:
LES MESSAGERIES ADP*
955, rue Amherst
Montréal, Québec
H2L 3K4
Tél.: (514) 523-1182
Télécopieur: (514) 939-0406
* Filiale de Sogides ltée

• Pour la Belgique et le Luxembourg:
PRESSES DE BELGIQUE S.A.
Boulevard de l'Europe 117
B-1301 Wavre
Tél.: (10) 41-59-66
    (10) 41-78-50
Télécopieur: (10) 41-20-24

• Pour la Suisse:
TRANSAT S.A.
Route des Jeunes, 4 Ter
C.P. 125
1211 Genève 26
Tél.: (41-22) 342-77-40
Télécopieur: (41-22) 343-46-46

• Pour la France et les autres pays:
INTER FORUM
Immeuble Paryseine, 3 Allée de la Seine
94854 Ivry Cedex
Tél.: (1) 49-59-11-89/91
Télécopieur: (1) 49-59-11-96
Commandes: Tél.: (16) 38-32-71-00
    Télécopieur: (16) 38-32-71-28

Dépôt légal: 3ᵉ trimestre 1995
Bibliothèque nationale du Québec

ISBN 2-8904-4573-9

nos amis les oiseaux

Pierre Gingras

SECRETS D'OISEAUX

le jour,
éditeur

À Marie-Claude et Frédéric

Remerciements

Ce volume n'aurait pu être publié sans la contribution de plusieurs personnes.

Je remercie les collaborateurs qui, depuis des années, ont toujours répondu patiemment à mes nombreuses questions, notamment Henri Ouellet, ornithologiste, chercheur émérite au Musée canadien de la nature et professeur associé à l'Université de Montréal; Yves Aubry, co-responsable de l'*Atlas des oiseaux nicheurs du Québec;* Normand David, directeur général de l'Association québécoise des groupes d'ornithologues et Pierre Bannon, responsable de la compilation des observations à la Société québécoise de protection des oiseaux. M. Ouellet a aussi révisé la version finale du manuscrit.

J'adresse aussi mes remerciements à mon employeur, le quotidien *La Presse,* qui publie la chronique ornithologique *À tire d'aile* depuis le printemps 1987, ainsi qu'aux lecteurs qui y ont contribué de multiples façons. La rédaction de ce volume n'aurait pu être possible également sans un congé de huit semaines accordé par *La Presse.*

Enfin, un merci particulier à mon fils, Frédéric, et à ma femme, Martha, qui ont contribué à la révision du manuscrit.

Avertissement

Les nouveaux noms d'oiseaux

La terminologie scientifique utilisée dans cet ouvrage est celle qui fut adoptée en 1991 par la Commission internationale des noms français d'oiseaux. On trouvera en annexe, en ordre alphabétique, la liste des noms des espèces qu'on retrouve au Québec et en Europe et dont le nom a été modifié à cette occasion. Comme cela est l'usage dans la documentation scientifique, tous les noms d'espèces d'oiseaux débutent par une majuscule (ex.: Geai bleu, Grand héron, Sterne arctique).

Cupidon est-il un imposteur?

Malgré sa beauté céleste, le pauvre Cupidon ne pourrait s'élever d'un seul centimètre dans les airs. Avec son corps potelé et ses ailes minuscules, l'archer de la Saint-Valentin serait incapable de voler sur place comme l'oiseau-mouche. Les Romains qui l'ont imaginé ignoraient les lois incontournables de la physique et la réalité biologique des volatiles.

Même si on donnait à Cupidon des ailes beaucoup plus grandes, d'autres facteurs l'empêcheraient de s'envoler. Contrairement aux oiseaux, l'angelot ne possède pas de bréchet, cette grande crête osseuse du sternum qui sert de solide point d'attache aux muscles responsables du battement des ailes. De plus, la forme de son corps n'est pas aéro-dynamique et son centre de gravité est mal situé par rapport à la position de ses ailes.

Même si, par miracle, Cupidon réussissait à s'envoler, son corps ne parviendrait pas à évacuer la chaleur produite par ses efforts. Sa température augmenterait alors rapidement et il devrait mettre fin à sa tentative d'envol.

Par surcroît, le dieu de l'Amour ne possède pas de plumes. Il lui serait donc impossible d'affronter les intempéries et de se protéger contre le soleil et les parasites.

Cupidon est, bien sûr, une représentation purement imaginaire de l'homme qui a toujours rêvé de voler comme les oiseaux. Ainsi, Icare a pu éviter le Minotaure grâce aux ailes collées à ses bras. Elles n'ont malheureusement pas tenu le coup et l'apprenti oiseau a sombré en mer.

Il a fallu attendre plusieurs millénaires avant que l'homme ne rejoigne les oiseaux et qu'il puisse enfin voler à leur façon. C'est Clément Ader qui nous fit entrer dans l'ère de l'aviation en parcourant quelques dizaines de mètres au-dessus du sol dans son étrange appareil équipé d'une hélice aux pales en forme de plumes. C'était le 9 octobre 1890.

Le contrôle des airs

En observant la dimension des ailes des oiseaux, on en déduit que Cupidon devrait avoir une voilure au moins comparable à celle de l'albatros, de la Bernache du Canada ou du Plongeon huard, pour réussir à décocher ses flèches du haut des airs. La surface des ailes doit nécessairement supporter le poids de l'animal pour lui permettre de voler. Cette contrainte varie toutefois énormément selon les espèces.

L'Albatros royal possède l'envergure la plus considérable au monde. Ses ailes atteignent jusqu'à 3,5 mètres de longueur et 23 cm de largeur. La masse moyenne de cet oiseau pélagique se situe autour de 7 à 9 kg, mais certains individus pèsent jusqu'à 12 kg. Chaque centimètre carré d'aile doit donc supporter 1,7 g de la masse de l'oiseau.

L'albatros vole durant des semaines au-dessus de la mer, profitant du vent et des courants d'air. Il se pose sur la surface de l'eau seulement pour capturer ses proies, pour manger ou pour se reposer lorsqu'il n'y a pas de vent, et fait un séjour tous les 18 mois sur la terre ferme uniquement pour élever sa famille.

À l'opposé de l'albatros se trouve l'Hirondelle rustique, dont chaque centimètre carré d'aile supporte quelque 16 centièmes de gramme. Chez plusieurs passereaux, comme les bruants nord-américains ou les fauvettes européennes, chaque centimètre carré d'aile supporte à peine un ou deux dixièmes de gramme. Chez la Bernache du Canada, cette proportion est de deux grammes par centimètre carré.

Un dinosaure avec des ailes de 15 mètres

Contrairement à Cupidon, les anges, ces messagers du ciel, seraient-ils mieux constitués pour voler?

Dans les crèches des églises, parmi les personnages de la Nativité, il y avait parfois un ange en plâtre qui hochait la tête lorsqu'on lui versait une aumône. De longues et larges ailes étaient soudées à ses omoplates et repliées sur son dos. Mais malgré cette voilure, l'ange n'aurait jamais été capable de s'envoler.

Si l'on se fie à la taille imposante (comparable à celle de l'homme) des anges qui figurent dans les livres religieux, il leur faudrait théoriquement des ailes gigantesques pour voler. Ils battraient alors tous les records d'envergure.

Pourtant, dans ce domaine, la réalité dépasse peut-être la fiction. À l'époque des dinosaures, il existait des bêtes volantes phénoménales. Les reptiles du Crétacé possédaient les plus grandes ailes ayant jamais existé chez un être vivant. Le cinéma nous a donné une image fantastique de ces animaux volants, mais les scénaristes ont parfois ignoré les découvertes les plus récentes en paléontologie.

Malgré une apparence plutôt rébarbative avec son long bec, ses innombrables dents et son crâne proéminent, le fameux ptérodactyle était probablement moins impressionnant qu'on a bien voulu nous le montrer à l'écran. La bête avait la taille d'un pigeon ou encore d'une poule, affirment certains scientifiques, alors que d'autres estiment qu'il ressemblait à un gros rapace.

Au Texas, en 1975, et cinq ans plus tard dans un coin du parc des Dinosaures, dans le sud de l'Alberta, au Canada, on découvrait les os fossilisés d'un reptile volant fantastique. Le quetzalcoatlus, de son nom scientifique, avait un très long bec et sa taille était comparable à celle d'un homme. Par contre, ses os possédaient de nombreuses cavités remplies d'air, comme chez les oiseaux, de sorte que sa masse était d'environ le quart de celle d'un humain. Quant à l'envergure de ses ailes, membraneuses comme celles d'une chauve-souris, elle pouvait atteindre 15 mètres. Un véritable petit avion, disent les auteurs scientifiques.

Dale Russell, le paléontologue qui a fait la découverte canadienne, raconte que l'animal, bien que rare, a vécu un peu partout sur la planète comme en font état d'autres restes fossilisés retrouvés notamment en Israël.

Un lézard avec des plumes

Il n'y a pas que les oiseaux qui volent. Les insectes ont pris le contrôle des airs bien avant eux et au moins une espèce, le papillon monarque, effectue chaque année une migration spectaculaire. Ce lépidoptère nord-américain se reproduit aussi au Québec. Il s'envole au début de l'automne pour se rendre hiverner dans les montagnes du centre du Mexique, parcourant une distance de 5500 km. Après avoir passé l'hiver en état de torpeur, le papillon revient progressivement vers le nord et se reproduit en chemin. Ce sont ses descendants qui termineront la migration vers le nord. Plusieurs oiseaux migrateurs n'en font pas autant.

L'archéoptérix est un des jalons de l'évolution des oiseaux.

Les reptiles volants, eux, sont disparus depuis longtemps sans avoir laissé de descendants ailés. Chez les mammifères, par contre, l'évolution nous a donné les chauve-souris.

Certains oiseaux, comme les manchots, les autruches et les kiwis, ne volent pas, tandis que d'autres font l'équivalent d'un tour du monde chaque année. Dans tous les cas, ils possèdent une caractéristique unique dans le règne animal: ils sont recouverts de plumes, dont la composition est en tout point semblable à celle des cheveux des humains ou encore des écailles des reptiles.

C'est à la suite d'une lente évolution que sont apparus les oiseaux, tels que nous les connaissons aujourd'hui, il y a environ 60 millions d'années. Mais les premiers animaux recouverts de plumes, représentant le chaînon entre les reptiles terrestres et nos volatiles modernes, ont vécu à une époque encore plus lointaine, vers la fin de l'ère jurassique, il y a 140 ou 150 millions d'années, avant l'apparition de certains grands dinosaures.

Considéré comme le premier fossile d'un volatile, l'archéoptéryx fut découvert en 1861, en Bavière, dans une carrière de calcaire. La région jouissait d'un climat tropical à l'époque où vivait la bête. Pas plus gros qu'un pigeon ou une corneille, l'animal était recouvert de plumes comme les oiseaux modernes et ses ailes ressemblaient à celles des gallinacés (poule, faisan, tétras, gélinotte). L'archéoptéryx avait aussi des traits reptiliens, une caractéristique qu'on ne retrouvera plus jamais chez d'autres fossiles d'oiseaux. Il possédait une queue rigide de lézard, dotée de 20 vertèbres et recouverte de plumes. Des dents étaient encastrées dans chaque mâchoire de son bec corné.

La forme de ses pattes démontre qu'il pouvait se percher et que ses griffes lui permettaient de grimper. Il semble avoir été bon coureur. Grâce à certains doigts de ses ailes, il pouvait s'accrocher à la végétation environnante et grimper aux branches.

Des indices morphologiques nous amènent à croire que l'archéoptéryx était incapable de voler de façon continue. Il était en effet dépourvu des principaux muscles qui actionnent les ailes des oiseaux. Il ne possédait pas non plus ce fort sternum qui rattache toute la musculature servant au vol. Son squelette était probablement assez lourd car ses os ne semblaient pas être creux.

Selon certains auteurs, l'animal pouvait voler sur de courtes distances, alors que d'autres affirment que ses ailes ne servaient qu'à voleter de branche en branche et qu'il était incapable de s'envoler à partir du sol.

Apprendre à voler

Le cas de l'archéoptéryx est loin de faire l'unanimité dans la communauté scientifique, même si on estime toujours qu'il représente un jalon important de l'évolution des reptiles jusqu'aux oiseaux.

D'ailleurs, plusieurs paléontologues croient que d'autres animaux fossiles pourraient aussi être à l'origine des oiseaux, notamment une petite créature du groupe des crocodiliens possédant de longues écailles qui se seraient transformées en plumes.

Le débat scientifique à propos de l'archéoptéryx nous amène à nous poser la question suivante: comment les oiseaux ont-ils appris à voler? Il existe au moins deux théories à ce sujet.

La première veut que le lézard à plumes n'ait été capable, originellement, que de planer de branche en branche. Au fil du temps, les os des ailes, le sternum et la musculature de ces animaux préhistoriques se seraient développés suffisamment pour qu'ils puissent voler sur une longue distance.

Selon la seconde théorie, l'archéoptéryx était un animal terrestre qui se servait de ses ailes uniquement pour chasser, en s'élançant sur sa proie pour la capturer. Progressivement, au cours des millénaires, sa structure musculaire se serait modifiée jusqu'à permettre un véritable envol.

L'archéoptéryx ne constitue qu'une étape d'une longue évolution. De nombreux fossiles ont été découverts par la suite, notamment des oiseaux de deux à trois mètres de hauteur qui ne volaient pas, et de grands voiliers, dont une sorte d'urubu géant, le *Teratornis incredibilis*, dont l'envergure des ailes atteignait cinq mètres. Cet oiseau fossile découvert en Californie sillonnait le ciel, il y a quelques dizaines de millénaires.

Les passereaux au sommet

Même si les mensurations de ces oiseaux impressionnent, ce sont néanmoins des volatiles beaucoup plus petits, les passereaux, qui représentent aujourd'hui le sommet de l'évolution aviaire.

On considérait jusqu'à récemment que les premiers passereaux étaient apparus il y a environ 25 millions d'années. Mais en mars 1995, un zoologiste australien découvrait un fossile qui l'amenait à conclure que l'origine de ces oiseaux remonterait plutôt à 55 millions d'années.

Les passereaux regroupent plus de la moitié de toutes les espèces d'oiseaux, soit environ 5700 espèces sur les 9700 que compte la planète. Les bruants, les fauvettes, les parulines, les hirondelles, les moineaux, les étourneaux et les corneilles font, entre autres, partie de ce groupe.

Les passereaux comme ce Martin-pêcheur
d'Europe sont au sommet de l'évolution avienne.

Les plumes: plus lourdes que le squelette

Les oiseaux sont les seuls êtres vivants à posséder des plumes, et celles-ci ne sont pas réparties uniformément sur le corps, contrairement à ce que l'on pourrait croire.

Le Cygne siffleur est le volatile le plus emplumé. On a compté 25 000 plumes sur son corps, dont plus de 80 % concentrées sur le cou et la tête. Parmi les oiseaux possédant le moins de plumes figure le colibri, qui en possède à peine 900. L'Hirondelle rustique, elle, en a environ 1400, le Vacher à tête brune près de 3800, la Sarcelle à ailes vertes environ 14 000.

En général, les petits oiseaux comptent plus de plumes par unité de poids que les gros. Cette situation s'explique par une règle biologique fondamentale: plus un animal est petit, plus il dépense d'énergie proportionnellement à son poids, entre autres pour maintenir sa chaleur corporelle. Par exemple, la surface du corps d'une souris est beaucoup plus grande par unité de poids que celle d'un éléphant. La même constante s'applique chez les oiseaux.

Le plumage est habituellement deux à trois fois plus lourd que le squelette de l'animal. Le Pygargue à tête blanche, par exemple, compte plus de 7000 plumes. On a calculé que le plumage représentait 17 % de son poids par rapport à 7 % pour les os.

Les oiseaux chanteurs et les petits passereaux possèdent ordinairement de 2000 à 4000 plumes; environ 35 % d'entre elles recouvrent la tête et le cou. Ces oiseaux ont habituellement un plumage plus imposant l'hiver que l'été.

Des endroits dénudés

Même si elles semblent réparties uniformément, les plumes ne poussent pas partout sur le corps de l'oiseau. Elles apparaissent à des endroits bien précis, nommés ptérylies, qui sont généralement au nombre de huit.

Quant aux parties presque dénudées, comme la partie supérieure des cuisses, on les appelle les aptéries. Recouvertes d'un fin duvet, elles permettent à l'animal d'évacuer la chaleur. Seuls les manchots, le coliou, un petit oiseau africain, et le kamichi, un oiseau sud-américain de la grosseur d'un dindon, n'ont pas d'aptéries.

Les plumes ont aussi des noms particuliers. Les grandes plumes des ailes, au nombre de 9 à 12, se nomment rémiges primaires; celles qui sont situées à proximité sont les rémiges secondaires. Quant aux plumes de la queue, ce sont les rectrices. La plus grande partie du corps de l'oiseau est occupée par de petites plumes dites de couverture. L'isolation est assurée par les semi-plumes et le duvet.

ptérylie

aptérie

Les plumes des oiseaux sont regroupées aux endroits appelés ptérylies.

Il existe aussi des filoplumes, de fines tiges minuscules qui informent l'oiseau sur la position des autres plumes ayant un rôle actif dans le vol, grâce à des sensations tactiles.

Les vibrisses, ces poils situés autour du bec de l'engoulevent et de plusieurs insectivores ou encore autour des yeux, comme chez le coucou, sont aussi des plumes. Elles protègent ces parties du corps tout en transmettant aux oiseaux des informations tactiles sur les proies qu'ils s'apprêtent à avaler.

Des plumes mortelles

Le duvet pulvérulent est aussi présent chez la plupart des oiseaux mais il est particulièrement abondant chez certains échassiers comme les hérons ou les butors.

Ces délicates plumes produisent une fine poudre cireuse (*powder feather* en anglais) qui maintient le plumage en bonne condition. Cette substance colore parfois le plumage d'une teinte grisâtre. Dans le cas du Grand Héron, dont le régime est surtout composé de poisson, cette poudre aiderait à éliminer le mucus provenant de ses victimes et qui aurait adhéré à ses plumes.

La plupart des plumes sont formées d'un axe central, creux à la base mais plein sur sa plus grande partie. C'est le rachis. La partie inférieure est parfois dotée d'un duvet qui joue un rôle thermique important.

La plume est ancrée dans un follicule sous la peau. Une fois sa croissance terminée, la partie supérieure meurt, comme nos cheveux. Elle ne peut changer de coloris, même si elle pâlit parfois à cause de l'usure et de l'exposition aux éléments naturels.

De part et d'autre du rachis se trouvent les barbes (on en compte 600 paires dans une grande plume de pigeon) composées de barbules reliées les unes aux autres. Elles forment ainsi un réseau très serré donnant l'impression que la plume est d'une seule pièce. Chez les grands échassiers, les rectrices peuvent compter jusqu'à un million de barbules.

Les Pitohuis de la Nouvelle-Guinée possèdent les plumes les plus étonnantes qui soient: elles contiennent un poison mortel.

Selon Frank B. Gill, auteur du livre *Ornithology*, cette découverte effectuée en 1992 soulève bien des questions.

Depuis longtemps, les indigènes savent que la chair de cet oiseau peut les rendre malades si elle n'est pas apprêtée de façon particulière. Ce poison est un alcaloïde voisin de celui que l'on retrouve chez certaines grenouilles d'Amérique du Sud et qui servait à fabriquer des flèches empoisonnées. On se demande aujourd'hui pourquoi l'oiseau ne s'intoxique pas en lissant son plumage avec son bec.

Des plumes qui tombent sous l'effet de la peur

Les plumes sont faites de kératine, une substance protéique dont sont composés les cheveux, les ongles, les poils, la laine ou les sabots des animaux. Le remplacement se fait progressivement: les plumes tombent pour faire place à celles qui poussent.

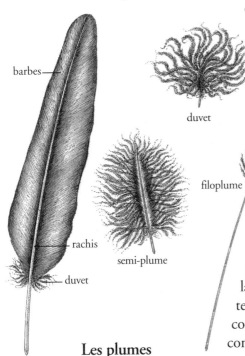

barbes

duvet

filoplume

rachis

semi-plume

duvet

Les plumes

Nous perdons nos cheveux, notre peau se régénère sans cesse, les insectes perdent leur carapace et les végétaux perdent leurs feuilles. Les oiseaux, eux, muent.

Le phénomène est universel et il se produit au moins une fois l'an chez la plupart des oiseaux de la zone tempérée. Plusieurs espèces muent complètement deux fois par année, comme certains bruants. Le lagopède est recouvert de trois plumages successifs durant l'année: brun et blanc à l'automne, complètement blanc à l'hiver puis encore brun et blanc au printemps. Ces trois mues lui assurent un camouflage parfait dans son environnement.

Les oiseaux muent parce que leurs plumes sont usées et qu'elles ne peuvent plus jouer leur rôle protecteur. Les intempéries, les rayons ultraviolets, l'usure lors de la période de nidification sont autant de facteurs qui affectent le plumage.

La première mue se produit au nid: l'oisillon perd son léger duvet qui est remplacé par un manteau plus chaud. Le duvet tombe sous la poussée des plumes qui commencent à croître. Celles-ci sont moins rigides chez les jeunes que chez les adultes. En dépit de la mue annuelle, les goélands, par exemple, conservent leurs coloris de juvénile jusqu'à l'âge de la reproduction, soit durant deux, trois ou même quatre ans, selon l'espèce.

De nombreux passereaux muent vers la fin de l'été, une fois que leurs petits ont quitté le nid. Toutefois, le Bruant des neiges change de plumage avant que sa marmaille ne le quitte, l'été étant beaucoup plus court dans les régions nordiques où il se reproduit.

La mue s'effectue habituellement d'une façon symétrique. Ainsi, les plumes tombent progressivement et également sur chaque aile sans trop affecter l'équilibre. La plupart des oiseaux peuvent continuer à voler durant cette période même si l'exercice est moins efficace et nécessite plus d'énergie. Le processus de la mue se produit d'ailleurs à une époque de l'année où les ressources alimentaires sont abondantes. Chez le Pinson des arbres, les dépenses énergétiques augmentent de 25 % durant cette période.

Les oies et les canards muent à la fin de la saison de reproduction. Dans le cas de ces derniers, il s'agit d'une mue partielle qui leur donnera un plumage terne appelé «plumage éclipse». C'est au cours de l'hiver qu'apparaîtront les magnifiques coloris de la période nuptiale.

La mue est un moment critique chez les oies, les canards, les cygnes, les plongeons, les grèbes, les flamants et plusieurs espèces de grues qui perdent alors toute habileté à voler. Ces oiseaux deviennent plus vulnérables aux prédateurs. Voilà pourquoi ils sont plus discrets durant cette période. Les canards mâles, par exemple, quittent les territoires de nidification et se regroupent souvent sur de grands lacs pour mieux traverser cette étape difficile.

Les femelles, elles, changent de plumage en août, alors que les petits sont presque des adultes. Celles qui en sont à leur deuxième couvaison, les œufs du premier nid ayant été détruits par un prédateur ou une inondation, perdent leurs plumes très tard en saison. Parfois, elles ne sont pas encore prêtes à voler à l'ouverture de la saison de chasse qui a lieu, au Canada, à la fin de septembre.

Chez les oies, mâles et femelles muent en même temps, au moment où les jeunes sont sur le point de prendre leur envol.

Dans son volume *Grands échassiers, gallinacés, râles d'Europe*, l'auteur Paul Géroudet parle d'une autre mue qu'il appelle la «mue d'effroi». Certains oiseaux de la famille des tétras, comme le Lagopède des saules, la Gélinotte des bois ou le Grand Tétras, peuvent perdre une partie de leur plumage sous le coup d'une grande frayeur. Cette réaction permettrait à l'oiseau d'échapper au prédateur déconcerté par cette réaction pour le moins inusitée.

Des couleurs trompeuses

Les plumes présentent leurs plus beaux coloris durant la période de reproduction et les semaines qui la précèdent. Les mâles sont généralement les mieux parés, un trait de dimorphisme sexuel qu'on rencontre chez un grand nombre d'espèces.

Les couleurs sont particulièrement éclatantes chez les ibis, les perroquets, le Cardinal rouge ou le Loriot d'Europe. Par contre, certains plumages plus ternes permettent à plusieurs oiseaux de se rendre pratiquement invisibles dans leur milieu. C'est ce qu'on appelle le mimétisme. Ainsi, il est pratiquement impossible de découvrir au premier coup d'œil une bécasse ou un Engoulevent bois-pourri en train de couver sur le sol.

Ces coloris sont, entre autres, produits par l'effet de la pigmentation, comme c'est le cas pour notre peau et nos cheveux. Chez l'oiseau, par contre, certaines couleurs sont créées par un tout autre phénomène. Le bleu et le vert, par exemple, sont le résultat d'une sorte d'illusion d'optique. Quant à l'irisation que l'on retrouve chez plusieurs espèces comme les colibris, l'Étourneau sansonnet ou les canards, elle est causée par la structure et l'angle de certaines composantes de la plume.

La réflexion de la lumière permet de percevoir les couleurs. Lorsqu'un objet réfléchit toutes les longueurs d'ondes composant la lumière, il est complètement blanc. Si au contraire, toute la lumière est absorbée, l'objet devient noir. C'est ce qui explique qu'un revêtement noir absorbe beaucoup plus de chaleur qu'un blanc. Par contre, si le revêtement est rouge, c'est qu'il absorbe toutes les couleurs du spectre lumineux visible à l'exception du rouge.

Des carences aux effets bizarres

Chez les oiseaux, les coloris des plumes, du bec, des pattes ou de la peau sont attribuables la plupart du temps à d'innombrables pigments qui ne réfléchissent que certaines couleurs.

De tous ces pigments, c'est la mélanine qui est la plus répandue dans les plumes. Elle est à l'origine des couleurs qui vont du noir au brun en passant par le gris. Parfois, avec la combinaison de certains autres pigments, la mélanine donne aussi des roses et des jaunes.

Le carotène est le pigment le plus disséminé dans la nature. Mais contrairement aux autres, l'organisme ne peut le synthétiser et l'oiseau doit manger des produits qui en contiennent. Cette situation cause d'ailleurs des maux de tête aux responsables des jardins zoologiques qui doivent établir une diète en carotène pour chaque espèce d'oiseaux rouges. L'exemple le plus courant est celui du Flamant rose. Si son alimentation n'est pas suffisamment riche en carotène, ses plumes deviendront blanches à la prochaine mue.

Une carence ou un excès de certains pigments entraîne des variations de coloration inusitées. Les cas de mélanisme (couleur noire) sont difficiles à observer, mais il existe tout de même des exemples bien connus chez le Merle d'Amérique. On en a vu, en effet, qui étaient presque noirs et que l'on pouvait facilement confondre avec leurs cousins européens. À l'inverse, les cas d'albinisme partiel ou complet sont assez répandus. Il arrive que des Corneilles d'Amérique soient entièrement blanches. L'absence de pigments en est la cause. Autre cas inusité, on a déjà vu des Gros-becs errants sans leurs plumes noires, caractéristique de l'espèce.

Les bleus et les verts

Le vert du touracos provient d'un pigment rare, la turacoverdine.

Le bleu et le vert, qui sont parmi les teintes les plus spectaculaires, ne sont pas produits par des pigments. Le vert vif des perroquets, des perruches ou des colibris, ainsi que le bleu du Merle-bleu de l'Est, du Geai bleu ou du Monticole européen sont attribuables à un phénomène physique différent. Ainsi le bleu et, indirectement, la plupart des verts prononcés sont créés par la structure même de la plume. En effet, les barbes sont dotées de minuscules poches d'air (des vacuoles) qui réfléchissent le bleu du spectre lumineux. Comme le reste de la plume possède une couche plus ou moins dense de mélanine, toutes les autres couleurs du spectre sont absorbées.

L'origine de la couleur verte est encore plus étonnante puisque les beaux perroquets verts sont plutôt... bleus. Le vert est le produit de la réflexion du bleu par les vacuoles des barbes. Dans ce cas, le bleu est réfléchi à travers une mince couche de carotène jaune, si bien que la couleur perçue par l'œil est le vert. Là encore, il y a des exceptions à la règle. Le vert de certains oiseaux comme les magnifiques touracos africains est produit par un pigment très rare, la turacoverdine.

Le phénomène de l'irisation qui produit des reflets verts ou bleus est avant tout le résultat de la position de l'observateur et de celle des barbules des plumes. Selon l'angle de réflexion, le plumage de l'Étourneau sansonnet et le cou ou les ailes de certains canards sont dotés de couleurs chatoyantes variées.

En 1994, on a découvert que la couleur verte des caroncules (des excroissances de chair) au-dessus des yeux du mâle de la Philépitte veloutée, une espèce de Madagascar, avait une autre origine encore plus complexe. L'auteur Frank B. Gill indique que la couleur serait attribuable à la réflexion de la lumière sur des fibres protéiniques contenues dans la chair des caroncules lors de la période de reproduction. La nature aime parfois compliquer les choses.

L'hygiène: bains et massages

Les oiseaux s'occupent beaucoup de leur hygiène. Leurs plumes font l'objet d'un entretien continuel, leur coiffure est sans cesse ajustée et le bain est inscrit à l'horaire régulier. Plusieurs aiment à s'étendre au soleil alors que d'autres, plus «raffinés», préfèrent prendre un bon bain de poussière, s'enduire d'une pommade de fourmis ou se faire un massage à la bière.

L'oiseau n'a pas à chercher longtemps ou à aller bien loin pour s'occuper de son hygiène. L'huile de beauté est là, à portée de bec, sur le croupion. Elle est fournie au besoin par la glande uropygienne.

Si vous examinez attentivement un poulet avant de le faire cuire, vous apercevrez un orifice sur le dessus du croupion. C'est le conduit de la glande uropygienne (habituellement enlevée à l'abattoir), qui sécrète une huile riche en acides gras et en eau. Les oiseaux s'enduisent le bec de ce produit onctueux pour lisser leurs plumes, un exercice qu'ils répètent fréquemment, parfois 10 ou 12 fois dans la journée.

Un supplément de vitamine D

Cette huile permet de maintenir le plumage en bonne santé et de nettoyer la poussière, en plus d'aider à limiter la population de parasites. Elle assure aussi l'imperméabilité des plumes (essentielle à l'isolation), et favorise leur flexibilité, une qualité importante pour le vol.

Le liquide sécrété par la glande uropygienne se transforme partiellement en vitamine D sous l'action des rayons solaires. Ce supplément vitaminique est absorbé par l'animal quand il lisse ses plumes. Chez les canards, cette huile sert aussi à imperméabiliser les plumes.

Chez les cormorans, les sécrétions du croupion ne suffisent pas à assurer l'imperméabilité. Il est donc fréquent de voir ces oiseaux les ailes grandes ouvertes, en pleine séance de séchage après une session de nage. La glande uropygienne n'est pas présente chez toutes les espèces et certains ratites (émeu, autruche), les pigeons, les pics et les perroquets, notamment, en sont dépourvus.

Le Pic vert n'a pas de glande uropygienne.

Le Pygargue à tête blanche est recouvert d'environ 7000 plumes, beaucoup moins que certains cygnes qui en comptent jusqu'à 25 000. (page 21)
Photo Denis Faucher

Les cas d'albinisme partiel sont assez fréquents chez les oiseaux. Mais il est très rare que le plumage soit entièrement blanc comme chez cette Hirondelle rustique. (page 28)

Photo Denis Faucher

La toilette du plumage est une activité sociale chez le Bouvreuil pivoine,
photographié ici à Cambridge. (page 33)
Photo André Desrochers

Le Merle d'Amérique ne craint pas de se baigner en hiver dans un bain où un élément chauffant empêche l'eau de geler. (page 34)

Photo Denis Faucher

Répandu en Europe, le Merle noir ne dédaigne pas à l'occasion prendre un «bain» de fourmis. (page 36)
Photo André Desrochers

À l'âge adulte, ce jeune Faucon pèlerin sera considéré comme un des oiseaux les plus rapides au monde. (page 44)

Photo Denis Faucher

L'Aigle royal peut s'attaquer à beaucoup plus grand que lui. En Scandinavie, on le considère comme un important prédateur de jeunes rennes. (page 58)

Photo Denis Faucher

Certains oiseaux se servent d'un instrument pour obtenir leur nourriture. Le Héron vert lance parfois un appât sur l'eau pour attirer les petits poissons. (page 61)

Photo Jean-Paul Blais

Les oiseaux se lissent aussi pour éliminer les nombreux parasites présents dans leurs plumes ou sur leur peau: poux, puces et tiques. Il en existe plus de 200 espèces. Si ces parasites sont trop nombreux, ils peuvent affecter gravement la santé de l'oiseau, particulièrement celle des petits lorsque le nid est infesté.

La toilette des plumes est parfois une activité sociale. Chez les hérons, les albatros, les manchots, les canards arboricoles, les pigeons, les perroquets ou encore chez le Bouvreuil pivoine, on lisse les plumes de son voisin et vice versa. À l'occasion, on voit même des oiseaux d'espèces différentes élevés en captivité se lisser mutuellement le plumage. Certains oiseaux de volière, comme les perroquets, aiment aussi se faire «gratter» le dessus de la tête.

Les engoulevents, les hérons, l'effraie, les frégates ou encore les cincles, ces petits oiseaux qui chassent leurs proies en se promenant sous l'eau des ruisseaux, possèdent leur peigne personnel: l'ongle du doigt central de la patte est dentelé. Les oiseaux s'en servent pour se lisser la tête, la gorge, le cou ou encore les vibrisses situées autour du bec. L'instrument est ajusté de façon à ce que les plumes passent entre les petites aspérités, retenant ainsi les débris de duvet et la poussière.

Une baignade dans la neige mouillée

Les oiseaux ne possèdent pas de glandes sudoripares leur permettant de transpirer. La plus grande partie de l'eau est évacuée par la respiration et les excréments. Le système digestif en absorbe aussi une bonne quantité qu'il réutilise, si bien que les fientes sont souvent relativement solides.

Les volatiles aiment s'ébrouer dans les flaques d'eau. En plus de rafraîchir, le bain permet de nettoyer le plumage. À l'exception des gallinacés, des pics et de quelques autres espèces, les oiseaux aiment l'eau et prennent leur bain même l'hiver s'ils en ont l'occasion.

Le colibri, comme plusieurs oiseaux familiers, ne dédaigne pas de prendre une douche sous le gicleur qui arrose le gazon.

Les grands oiseaux comme les aigles, les faucons, les corneilles et même les hiboux affectionnent particulièrement la baignade sur le bord des ruisseaux et des étangs. Ils font leurs ablutions lentement et restent parfois de longs moments immobiles, en partie immergés. La baignade se termine par de brusques battements d'ailes dans l'eau.

Chez les petits oiseaux, le cérémonial du bain est toujours le même. Ils font d'abord quelques pas dans trois ou quatre centimètres d'eau, y plongent la tête pour ensuite la redresser rapidement. Ils s'accroupissent quelques instants dans la baignoire puis battent des ailes en relevant la queue. Le bain terminé, ils se secouent énergiquement et vont se percher dans un endroit tranquille pour se lisser minutieusement.

Lorsqu'il se baigne, l'oiseau reste aux aguets. Trempé, il sait qu'il aura plus de difficulté à prendre son envol, ce qui le rend vulnérable aux prédateurs rapides comme les rapaces.

Il n'y a pas que les flaques d'eau où les oiseaux se rafraîchissent. Certains volent aussi dans les buissons pour se faire doucher par les feuilles mouillées. D'autres choisissent l'herbe trempée par la rosée du matin tandis que les perroquets ou les pics se contentent d'une bonne averse. Certains moucherolles vont aussi plonger dans l'eau pour se baigner.

Les endroits les plus inusités peuvent servir de baignoire. On a vu, par exemple, des oiseaux se tremper dans de minuscules flaques accumulées dans une dépression d'un tronc d'arbre ou encore dans la neige mouillée. Au Québec, plusieurs espèces se baignent en plein hiver, même à -20 °C, dans des bains d'oiseaux aménagés à leur intention par des âmes charitables. Ces bains sont maintenus au-dessus du point de congélation par un élément chauffant. Les Tourterelles tristes, les Chardonnerets jaunes, les Moineaux domestiques, les Étourneaux sansonnets de même que les Merles d'Amérique qui hivernent dans le nord apprécient particulièrement la baignade hivernale.

Les bienfaits de la poussière

Si certains aiment l'eau, d'autres préfèrent la poussière.

Dans la basse-cour, on peut observer poules et dindons se vautrant dans la terre, un exercice qui s'apparente assez peu au bain conventionnel.

Les moineaux domestiques s'ébrouent souvent dans la poussière. Ils s'enfoncent dans un trou, les pattes allongées, les ailes ouvertes soulevant la poussière qui pénètre dans le plumage. Quand les ablutions poussiéreuses sont terminées, l'oiseau se secoue et se lisse ensuite les plumes.

Bon nombre de gallinacés, d'alouettes, ainsi que plusieurs espèces de troglodytes, de rapaces comme le faucon, de même que certains hiboux s'adonnent à cette activité. Les autruches d'Afrique et leurs cousins d'Australie, les émeus, adorent se rouler dans la terre sèche.

On ignore encore pourquoi ils s'adonnent à cette activité, mais on pense que la poussière contribue à la santé du plumage. Elle permet de réduire une partie de l'huile et les pellicules accumulées sur le corps. Elle élimine aussi l'humidité des plumes, ce qui permet une meilleure isolation.

Le nettoyage assure un meilleur alignement des barbes de part et d'autre de l'axe principal de la plume. On estime que la poussière pourrait aussi aider à déloger certains parasites de la peau ou des plumes. La surface de la peau étant plus sèche et le plumage mieux ordonné, cet habitat devient moins accessible et moins attrayant pour ces bestioles nuisibles.

Les bains de soleil font aussi partie de l'hygiène des oiseaux. Ils ouvrent largement les ailes pour mieux absorber la chaleur du soleil lorsque le temps est frais et même lorsqu'il fait chaud.

Les bains de soleil aideraient à la production de vitamine D dans le plumage. De plus, ils permettraient aux plumes de reprendre leur forme à la suite d'un vol effréné. La chaleur obligerait également les parasites de la peau à se déplacer davantage, rendant ainsi leur capture plus aisée. L'oiseau parvient à se débarrasser de ces indésirables, qui étaient auparavant installés à des endroits difficilement accessibles, avec le bec ou les ongles.

La pommade de fourmis

Les fourmis figurent au menu d'une foule d'oiseaux mais elles servent aussi, à l'occasion, de pommade. L'opération-beauté est la suivante: l'oiseau écrase une fourmi et avec les pattes, il s'enduit de cette pâte additionnée de salive qu'il étend sur le dessus de sa tête et sous les plumes du bout de ses ailes. Les plumes de la poitrine ne sont habituellement pas traitées. Les fluides organiques contenus dans la chair de fourmi seraient composés d'huiles essentielles que l'oiseau utilise pour lisser ses plumes. Une vraie crème de beauté!

Au moins 200 espèces d'oiseaux (surtout les passereaux) s'adonnent à cette activité. Le cérémonial peut durer un long moment. Dans certains cas, l'oiseau jette la fourmi écrasée après usage, alors que dans d'autres, il fait un tas avec ses victimes. Les restes sont dévorés ou simplement abandonnés.

Plusieurs volatiles se contentent de s'accroupir au milieu d'une fourmilière, les ailes étendues par terre, vers l'avant, afin d'amener les fourmis à grimper dans le plumage et à s'y faufiler.

Les fourmis utilisées au cours de ce dernier rituel ne possèdent pas de pinces pour se défendre. Elles sécrètent toutefois de l'acide formique dont elles se servent comme moyen de défense. Les glandes anales de ces insectes produisent aussi une autre substance dont l'odeur est répugnante et qui posséderait, comme l'acide formique, des propriétés insectifuges. Il a été démontré, indique l'auteur John

K. Terres dans *The Audubon Society Encyclopedia of North American Birds,* qu'une solution de cet acide peut détruire certaines mites des plumes. On croit donc que ces «bains» dans les fourmilières permettent d'éliminer des parasites.

Parmi les adeptes, on retrouve le Geai bleu, le Geai des chênes, le Merle-bleu de l'Est, le Merle noir, les corneilles, certains pics, le Gros-bec errant et le Moineau domestique, pour ne nommer que ces espèces.

À défaut de fourmis, plusieurs espèces utilisent des succédanés. On en compte une quarantaine, de la naphtaline au jus d'orange en passant par le vinaigre, le chocolat chaud, la bière, les mégots de cigarettes ou simplement d'autres insectes. Les autruches, elles, utilisent des abeilles.

Dans la littérature scientifique, on rapporte le cas d'une Pie bavarde, en Angleterre, qui appréciait sur son plumage l'effet de la chaleur dégagée par des cigarettes encore allumées. On ne précise toutefois pas comment les plumes réagissaient au traitement.

L'histoire la plus étonnante nous vient des îles britanniques. Il s'agit d'une pie domestiquée qui, après avoir capturé une fourmi, se perchait sur l'épaule de son maître pour enfoncer l'insecte dans la cendre fumante de sa pipe. Elle s'enduisait ensuite de cette pommade chaude.

Le Geai bleu aime bien se vautrer dans une fourmilière.

L'aile agit comme une hélice

Le vol est une opération très complexe. Les oiseaux doivent lutter contre les forces de la gravité tout en se déplaçant, comme le font les avions. L'aile joue à la fois le rôle de l'hélice et de l'aile de l'avion.

Les rémiges primaires, ces grandes plumes aux extrémités de l'aile, agissent comme une hélice en donnant à l'oiseau la propulsion nécessaire pour se déplacer. Lors de la remontée, l'aile se replie légèrement; les rémiges sont disposées à la verticale, écartées les unes des autres pour réduire la résistance.

Au sommet de l'ascension, l'aile s'ouvre complètement et les grandes plumes se retournent brusquement, adoptant une position plus horizontale de façon à repousser l'air vers le sol et vers l'arrière, un peu à la manière d'une rame. Le mouvement n'est pas perpendiculaire comme on pourrait le croire.

Le déplacement de l'air sur la partie centrale de l'aile, plus rigide et incurvée, produit une poussée ascendante suffisamment grande pour amener l'oiseau à s'élever, un phénomène identique à celui de l'aile de l'avion. On illustre souvent ce principe physique d'une façon bien simple, en repliant légèrement une feuille de papier sur laquelle on souffle. On constate alors que la partie supérieure de la feuille s'élève.

Plus la vitesse est importante, plus cette poussée sera considérable et plus l'oiseau prendra de l'altitude. L'angle de l'aile sera cependant l'objet de corrections continues selon que l'oiseau veuille monter, descendre ou maintenir son altitude. La queue joue un rôle dans la direction de vol mais chaque aile peut agir indépendamment, provoquant les changements de cap voulus.

L'oiseau doit bien contrôler sa descente pour éviter l'écrasement. Un petit groupe de plumes situées à l'avant de l'aile, appelées alula, permet de mieux contrôler les déplacements d'air et d'éviter les décrochages trop brusques.

Le colibri: 53 battements à la seconde

Toute cette mécanique fonctionne grâce à l'action conjointe d'une cinquantaine de muscles différents. On a calculé qu'en temps normal, l'Étourneau sansonnet battait des ailes 4,3 fois à la seconde. Ce rythme est de 3,2 battements à la seconde chez le Faisan de Colchide, de 4,9 pour le Chardonneret jaune, de 2,4 chez la crécerelle d'Amérique et de 2,0 chez le Canard noir, une espèce très semblable au Canard colvert. Pour le Colibri à gorge rubis, la moyenne est de 53 battements à la seconde, mais le mâle bat des ailes plus rapidement, environ 70 fois.

Plus les ailes sont grandes, moins l'oiseau doit les actionner souvent pour rester en vol. Plusieurs espèces profitent aussi de circons-

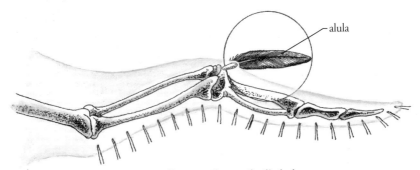

alula

Dessin d'une aile et de l'alula

tances favorables pour planer, comme par exemple les courants ascendants. C'est le cas des grands rapaces et des charognards comme les vautours de l'Ancien Monde et les urubus des Amériques.

Le mouvement de l'air ascendant joue alors un rôle mécanique sur l'aile. L'oiseau monte progressivement en utilisant les vents tourbillonnants et au sommet de son ascension, il se laisse choir vers une autre colonne d'air pour remonter à nouveau.

Au moins 160 km/h pour faire voler une autruche

Chaque espèce a ses propres caractéristiques en termes de vitesse, de puissance et de manœuvrabilité, selon la forme de l'aile et la charge portée.

Les gallinacés comme le faisan ou les gélinottes ont des ailes courtes et larges qui leur permettent des départs fulgurants, à la verticale, dans un milieu forestier où la piste de décollage est très restreinte.

Chez les petits passereaux, chaque centimètre carré d'aile supporte en moyenne un poids de 0,1 ou 0,2 g. Ils sont ainsi capables d'exécuter de véritables acrobaties et de circuler rapidement sans peine à travers les broussailles les plus denses. Par contre, les albatros, avec leurs grandes ailes, éprouvent beaucoup de difficulté à décoller étant donné leur poids considérable. S'il n'y a pas de vent, ils sont contraints de rester sur l'eau ou sur terre. Ces oiseaux

L'Autruche d'Afrique devrait atteindre 160 km/h pour s'envoler.

sont incapables d'accomplir les prouesses d'une mésange en vol, par exemple.

Les plongeons, les guillemots, les macareux, le Petit Pingouin ou les canards plongeurs, comme les fuligules ou les garrots, ont de petites ailes par rapport à leur poids. Ils doivent donc courir à la surface de la mer en battant des ailes rapidement pour s'envoler.

L'Autruche d'Afrique, qui pèse 130 kg, devrait d'abord atteindre une vitesse de 160 km/h pour prendre son envol. Or l'autruche ne vole pas, tout comme les émeus, les nandous, les kiwis, les manchots ou le Cormoran aptère des îles Galapagos. Pour des raisons génétiques inconnues, les os des ailes sont devenus plus petits et plus faibles alors que les muscles qui les actionnent ont perdu leur puissance. Chez les manchots, les ailes servent plutôt à la nage.

Le vol en formation: une économie d'énergie

De tous les migrateurs nord-américains, la Bernache du Canada est probablement le plus spectaculaire. Les longs chapelets de bernaches qui sillonnent le ciel en chantant leurs litanies marquent le début du printemps ou la fin de l'automne. Elles volent la plupart du temps de façon très ordonnée, en formant un grand V. Mais assez souvent, les palmipèdes voyagent à la queue leu leu, dessinant une ligne oblique qui peut s'étirer sur des centaines de mètres.

Les bernaches ne sont pas les seules à voler ainsi. Les cormorans, une foule de canards dont les Eiders à duvet, les oies sauvages comme l'Oie des neiges, la Bernache cravant ou l'Oie cendrée, volent aussi en formation même si les rangs sont parfois moins serrés et moins ordonnés.

Cette façon de voler vise à réduire les dépenses énergétiques. À chaque coup d'ailes, l'oiseau déplace de l'air à l'extrémité de ses rémiges primaires. Cette perturbation entraîne derrière elle une pression ascendante profitable à la bernache suivante qui pénètre dans la turbulence. C'est un peu comme si elle était aspirée vers le haut, à l'exemple de la succion qu'un automobiliste ressent derrière un gros camion roulant à bonne vitesse.

Au cours du vol en formation, chaque oiseau se place légèrement plus haut que celui qui le précède afin de profiter au maximum du vortex (tourbillon d'air). En volant en V ou en formant une ligne oblique, l'aile qui entre directement dans le corridor de la perturbation dépense moins d'énergie. Cette économie peut être substantielle. Pour une même consommation d'énergie, une bernache volant en groupe pourrait théoriquement parcourir une distance de 71 % supérieure à celle d'une autre qui volerait en solitaire.

La dépense énergétique de l'oiseau qui mène la troupe est donc compensée par l'économie d'énergie que réalisent les autres. L'oiseau de tête est régulièrement remplacé au cours du vol pour lui permettre de se reposer et de profiter des avantages de la formation.

La plupart des espèces d'oiseaux auraient expérimenté au cours de leur évolution le vol en groupe serré. Ce comportement fait maintenant partie du patrimoine génétique de plusieurs d'entre elles. Par ailleurs, on croit que si les petits oiseaux ne volent pas en formation, c'est en raison de leur taille menue. Chaque individu ne parvient pas à déplacer suffisamment d'air pour que cela soit profitable aux autres.

Les maîtres de la vitesse

Le vol étant un exercice très exigeant, les oiseaux essaient de réduire le plus possible leurs dépenses énergétiques. C'est habituellement au cours de la migration que le vol de croisière est le plus rapide. Le Martinet noir, par exemple, maintient alors une vitesse moyenne d'environ 40 km/h; mais en dehors de ces grandes périodes de déplacement, il vole seulement à 23 km/h.

La performance des oiseaux en vol varie selon les espèces, mais aussi selon les circonstances. Un oiseau qui tente d'échapper à un prédateur volera beaucoup plus vite que s'il se déplace simplement de perchoir en perchoir. Le vol du Colibri à gorge rubis est relativement lent quand il butine de fleur en fleur, mais peut dépasser les 80 km/h quand il est particulièrement pressé. La vitesse du vent est aussi d'une importance primordiale et contribue à celle de l'oiseau.

Il est toutefois difficile de mesurer avec précision la vitesse d'un volatile. Les exagérations dans ce domaine sont nombreuses et plusieurs données sont contradictoires.

Par exemple, on considère que la vitesse de croisière de l'Étourneau sansonnet serait d'environ 34 km/h. Certains soutiennent que sa vitesse moyenne varie de 60 à 78 km/h et on a déjà enregistré des pointes de 90 km/h.

Selon plusieurs études, le Faucon pèlerin pourrait facilement voler à une vitesse de 60 à 100 km/h. En Angleterre, on a déjà calculé que la vitesse de croisière de ce faucon — considéré comme l'oiseau le plus rapide au monde — était de 99 km/h. L'un d'eux qui, à l'époque du roi Henri IV, s'était échappé de Fontainebleau, avait été retracé le lendemain à l'île de Malte, 2600 kilomètres plus loin. Une distance qu'il avait parcourue à une vitesse de 90 km/h.

Le Goéland argenté vole en moyenne à 38 km/h.

La documentation scientifique rapporte aussi le cas d'un Faucon pèlerin qui, au cours d'un piqué à la poursuite d'une proie, avait dépassé un avion qui perdait lui-même de l'altitude à la vitesse de 280 km/h. Des chercheurs rapportent également qu'un Martinet épineux, aux Indes, aurait atteint la vitesse phénoménale de 348 km/h.

D'autres performances étonnantes sont aussi rapportées. En Alaska, un Harle huppé qui profitait d'un vent d'environ 25 km/h aurait voyagé à une vitesse de 160 km/h. Une Sarcelle à ailes vertes aurait atteint la vitesse de 94 km/h.

Mais les oiseaux se déplacent généralement beaucoup moins rapidement et la plupart évoluent à une vitesse variant de 30 à 60 km/h. Le moineau, par exemple, vole à environ 28 km/h, les oies à 70 km/h, l'Eider à duvet, à 76 km/h, le Goéland argenté, à 38 km/h, et l'Hirondelle rustique, à 32 km/h.

Un Gros-bec errant à 4000 mètres

Si leurs records de vitesse étonnent, l'altitude à laquelle certains oiseaux peuvent évoluer est encore plus impressionnante, principalement durant la période de migration.

À cette époque, la plupart des oiseaux qui se déplacent le jour pour gagner leur territoire de nidification ou leurs quartiers d'hiver circulent à une altitude de 150 à 350 mètres, lorsque le temps est propice. Si, au contraire, les conditions météorologiques sont mauvaises, ils volent beaucoup plus près du sol où ils peuvent se réfugier rapidement en cas de difficultés.

On verra, par exemple, des milliers d'oiseaux se rassembler sur une langue de terre et attendre durant des jours que les conditions soient propices pour traverser une grande étendue d'eau.

Les oiseaux qui voyagent la nuit ont tendance à voler beaucoup plus haut, entre 600 à 1000 mètres. Les plus grands, comme les canards et les oies, se déplacent habituellement à une plus haute altitude que les espèces plus petites. Il y a tout de même des exceptions. À Cape Cod, sur la côte atlantique américaine, au sud de Boston, on a déjà déterminé à l'aide d'un radar que de nombreux petits passereaux volaient à des hauteurs atteignant les 4000 et même les 6500 mètres.

En Amérique du Nord, le record d'altitude dûment enregistré chez ces oiseaux est détenu par un Gros-bec errant qui se déplaçait au-dessus des Rocheuses, dans le Colorado, à une altitude de 4000 mètres. On ne sait toutefois pas à quelle distance précise du sol il se trouvait.

Les oies peuvent souvent se déplacer à plus de 1800 et même 2500 mètres durant la migration, alors que les engoulevents atteignent de 2800 à 3300 mètres. Le Tichodrome échelette, un oiseau européen aux ailes roses, voyage, lui, à plus de 6300 mètres. Des Corbeaux freux volent à plus de 2000 mètres et plusieurs oiseaux de rivages se déplacent à plus de 3000 mètres de hauteur.

Collisions aériennes

Le Vautour de Rüppell peut voler à 11 000 mètres d'altitude.

C'est au-dessus d'Abidjan, en Côte-d'Ivoire, que l'on a constaté la performance la plus extraordinaire dans ce domaine. Le 29 novembre 1975, un avion est entré en collision avec un Vautour de Rüppell, une espèce originaire de l'est de l'Afrique, à 11 560 mètres d'altitude. L'appareil a dû effectuer un atterrissage d'urgence à la suite de l'incident. Personne n'a été blessé, mais un des moteurs de l'avion a été endommagé.

Dans la chaîne de l'Himalaya, on a identifié une volée d'Oies à tête barrée en migration qui survolait le mont Makalut culminant à 8700 mètres. En 1924, des alpinistes qui gravissaient l'Everest ont été accompagnés un certain temps par un Chocard à bec jaune, une espèce présente dans les Alpes qui rappelle la corneille. L'animal, qui se nourrissait à même les déchets de l'expédition, a été identifié à 8100 mètres d'altitude. On croit que cette espèce est celle qui niche à la plus haute altitude au monde.

Sur les pentes de l'Everest, on a signalé à 7800 mètres la présence d'un Gypaète barbu, le plus gros rapace d'Europe. Des espèces plus petites sont aussi observées régulièrement au-dessus des Alpes ou de l'Himalaya lors de la migration. Par exemple, des courlis et des barges, de grands oiseaux de rivage, ont déjà été aperçus à 6200 mètres d'altitude.

En Europe, on a observé des corneilles à des hauteurs variant de 700 à 2300 mètres. Ailleurs, des Martinets ramoneurs ont aussi été signalés par des pilotes d'avion à une telle hauteur.

En Amérique du Nord, le record d'altitude chez un oiseau a été établi par un Canard colvert. Le 9 juillet 1963, le palmipède est entré en collision avec un appareil de la Western Airlines à 6370 mètres. Un examen des plumes récupérées sur l'avion à la suite de l'incident a permis de déterminer l'espèce en cause.

Mais comment les oiseaux font-ils pour survivre à de telles altitudes en dépit de la raréfaction de l'oxygène et du froid? Le taux d'oxygène est en effet deux fois plus faible à 6000 mètres qu'au niveau de la mer. À cette altitude, un homme au repos, sans entraînement préalable, éprouve de grandes difficultés à respirer. À plus de 7000 mètres, il entrera dans un état comateux et mourra rapidement. Il en va autrement chez certains oiseaux qui ont la capacité d'extraire l'oxygène de l'air raréfié en haute altitude. Ils sont aussi capables de combattre le froid grâce à la chaleur que dégage leur organisme en vol et à l'isolation thermique fournie par les plumes.

Un bec aux fonctions multiples

Il est long, court, plat, incurvé, délicat ou massif. Il prend les formes les plus diverses, ses coloris sont innombrables et ses usages multiples. Le bec est avant tout un orifice par lequel entre la nourriture. Il est aussi utilisé pour capturer les proies, lisser les plumes et faire le nid.

Chez les oies, les canards, les flamants et les oiseaux de rivage, le bec sert à filtrer l'eau pour retenir la nourriture. Les pies-grièches et les rapaces s'en servent également pour tuer leurs proies et les déchiqueter. Le bec des granivores broie les graines par un mouvement semblable à celui d'un marteau-pilon. Par exemple, le Gros-bec casse-noyaux, une espèce européenne, exerce une force de 45 kilogrammes avec ses deux mandibules pour briser un noyau de cerise. Les oiseaux apparentés aux perroquets utilisent aussi leur bec pour grimper.

Celui de l'huîtrier agit comme une pince pour ouvrir les mollusques. Le bec du pic lui sert de ciseau de charpentier pour creuser son nid dans les arbres ou capturer des insectes qui vivent dans le bois. La bécasse utilise son long appendice pour ausculter le sol en quête de vers qu'elle détecte grâce à des terminaisons tactiles.

Le bec est composé de kératine, une substance protéique également contenue dans les plumes et les griffes. Il s'use à l'usage, en particulier chez les oiseaux granivores qui mangent au sol. Mais la nature fait bien les choses puisqu'il se régénère sans cesse. Des deux mandibules formant le bec, seule celle du bas est mobile.

Des pigeons qui donnent du «lait»

La nourriture passe du bec au jabot, un autre organe exclusif aux oiseaux, qui permet d'entreposer les aliments. C'est dans cette poche élastique, qui sert aussi de caisse de résonance pour le chant chez certaines espèces de tétras, notamment, que se déroule la première étape de la digestion. Les aliments y sont humidifiés et ramollis.

Le jabot est absent chez plusieurs oiseaux chanteurs granivores de même que chez les canards, les oies, les grues, les fauvettes et les merles. La paroi de l'œsophage étant souvent élastique, il est tout de même possible pour ces oiseaux de stocker de la nourriture.

Le jabot est, par ailleurs, très développé chez les granivores comme la poule, la gélinotte, le tétras et d'autres gallinacés ainsi que chez le pigeon. Le jabot de ce dernier et des espèces apparentées (comme les tourterelles) est unique dans le monde aviaire. Durant les trois semaines où ces oiseaux élèvent leurs petits, l'organe sécrète une substance riche et épaisse appelée «lait de pigeon», surtout com-

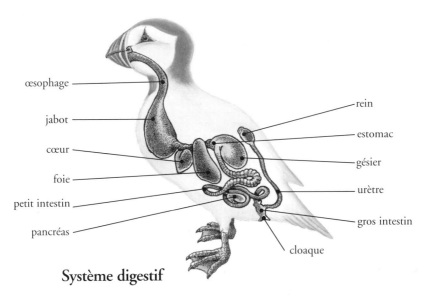

Système digestif

posée de protéines et de graisses. Ce liquide est la seule source de nourriture des oisillons durant les premiers jours suivant l'éclosion. Puis, peu à peu, les parents servent à leur progéniture une soupe faite de graines ramollies dans le «lait».

Un gésier capable de broyer du verre

Après être demeurés dans le jabot quelque temps, les aliments poursuivent leur route vers un repli de la paroi du gésier qui forme un minuscule estomac où commence la décomposition chimique par les sucs gastriques. Il s'agit d'un milieu dont le taux d'acidité est très élevé chez les oiseaux carnivores. L'auteur John K. Terres rapporte que le Gypaète barbu, un vautour charognard de l'Ancien Monde, peut digérer une grosse vertèbre en deux jours.

Mésanges, Moineaux domestiques, Sizerins flammés et chardonnerets se donnent beaucoup de peine pour décortiquer les graines, alors que les tourterelles, les pigeons et les gallinacés les avalent entières, avec l'écale. Cette différence de comportement alimentaire démontre que le système digestif n'est pas identique chez tous les oiseaux. À défaut de posséder un bec puissant, les oiseaux de la famille du pigeon possèdent un gésier capable d'écraser les graines.

Le gésier est aux oiseaux ce que la mâchoire et les dents sont aux mammifères. Doté d'une forte musculature, il agit comme une meule qui écrase et pulvérise la nourriture, une étape de la digestion qui sera complétée par le travail de la flore bactérienne et des sucs gastriques.

La puissance des muscles du gésier a toujours étonné les chercheurs qui ont étudié le phénomène. Chez le Canard branchu, une espèce répandue en Amérique du Nord, le gésier peut réduire des noix sauvages en purée. Celui de l'Eider à duvet broie facilement les coquillages, surtout des moules bleues.

On raconte qu'au 17e siècle, on a fait ingurgiter à un dindon des billes de verre, des cubes de plomb et une petite pyramide de bois. Une journée plus tard, le verre avait été pulvérisé, le plomb aplati et le bois déchiqueté.

Au cours d'une autre expérience, plusieurs décennies plus tard, des tubes d'étain ont aussi été écrasés par le gésier d'un dindon. Pour obtenir le même résultat avec une paire de pinces, il avait fallu exercer une pression de plus de 200 kg. Le gésier de cette espèce peut venir à bout d'aiguilles en acier ou même de lames de scalpel.

Une pépite d'or

La plupart des oiseaux qui ont un gésier bien développé utilisent des substances abrasives pour faciliter leur digestion. C'est le cas de certains bruants, des roselins, des canards et des oies. Ils prennent habituellement de petits cailloux ou des grains de sable qui font office d'abrasif. Parfois, dans le même but, ils avaleront des graines très dures. On peut retrouver dans le gésier de l'autruche jusqu'à un kilo d'abrasif, surtout des cailloux atteignant 2,5 cm de diamètre.

Le gésier joue aussi un rôle important chez les espèces qui avalent tout rond de petites proies, comme certains hiboux. Les poils non digestibles ou encore les os et les arêtes seront conservés dans le gésier pour ensuite être rejetés par le bec.

Plusieurs objets inusités ont été trouvés dans le gésier des oiseaux. Une ruée vers l'or

Le gésier du dindon est d'une puissance étonnante.

aurait même été déclenchée dans le Nebraska au début du siècle après qu'on eut découvert des pépites dans le gésier de canards abattus à la chasse. On raconte aussi qu'une mine d'émeraudes aurait été découverte en Birmanie après qu'un précieux caillou eut été trouvé dans le gésier d'un faisan.

Cette habitude de se servir d'abrasifs a malheureusement provoqué la mort de millions de canards et d'oies sauvages en Amérique du Nord. Ces oiseaux avalent parfois des plombs de chasse rejetés dans la nature par les chasseurs, particulièrement dans les marais peu profonds. Chez la sauvagine, par exemple, le plomb est très toxique même à faible dose; il agit sur le système nerveux et paralyse l'animal. Quelques plombs minuscules peuvent causer la mort. Si bien que depuis quelques années, les cartouches dotées de grenaille de plomb ont été interdites partout sur le territoire américain pour la chasse au gibier d'eau. On utilise plutôt la grenaille d'acier. Le Canada doit appliquer le même interdit en 1997.

Digestion à grande vitesse

Une fois passée l'étape du gésier, les aliments décomposés poursuivent leur route à travers le petit intestin où s'effectue l'assimilation des substances nutritives. Le dernier traitement aura lieu dans le gros intestin où l'eau sera extraite avant la déjection.

Le système digestif fait en moyenne huit fois la longueur totale de l'oiseau. Cette proportion est cependant beaucoup moins importante chez certaines espèces comme le Martinet noir d'Europe où le système ne fait que trois fois la longueur de l'oiseau. Par contre, chez l'autruche, la longueur du tube digestif est de 20 fois celle de l'animal.

La digestion est généralement très rapide (habituellement une demi-heure) mais elle peut aussi s'étaler sur une période de 12 heures, dans les cas extrêmes.

Un des exemples de digestion rapide est sans contredit celui de l'Urubu à tête rouge, un charognard très répandu aux États-Unis et dans le sud du Canada. L'un d'entre eux, qui avait avalé un serpent d'un peu plus d'un mètre dont le poids était le cinquième du sien, a digéré sa proie en 90 minutes.

Si la quête de nourriture est la principale préoccupation des oiseaux, la fréquence des repas varie considérablement d'une espèce à l'autre. Les plus petits, dont le métabolisme est extrêmement élevé, doivent se nourrir très fréquemment. En Angleterre, au cours d'un hiver, on a observé qu'une mésange devait manger presque 90 % du temps pour maintenir sa température corporelle. Par contre, le Lagopède des saules peut se satisfaire en ne se nourrissant qu'une fois par jour.

Plusieurs oiseaux se distinguent par la diversité de leur menu et leur opportunisme.

Même s'ils mangent généralement des fruits, les toucans sont des prédateurs qui apprécient aussi la chair de petits oiseaux lorsque l'occasion se présente.

Le Geai bleu et son homonyme européen, le Geai des chênes, sont des exemples intéressants d'opportunisme. Le Geai bleu n'hésite pas à se mettre dans le bec tout ce qui passe à sa portée. Son habitude de cacher des graines sous terre le rend très utile pour la régénération des forêts. Grâce à son jabot extensible, il peut transporter jusqu'à 5 glands ou 14 faînes (le fruit du hêtre) en même temps. En Nouvelle-Angleterre, on a déjà calculé qu'une cinquantaine de Geais bleus avaient transporté et enterré pas moins de 150 000 faînes en 23 jours.

Le Geai bleu mange aussi des graines de toutes sortes, de petits fruits, de nombreux insectes, des araignées, des escargots, des écrevisses, de petits poissons, des grenouilles, des souris et même des chauves-souris. Il est aussi un prédateur d'oisillons et à défaut de chair fraîche, il dévorera les œufs trouvés au nid. Le régime alimentaire du Geai des chênes est semblable.

Cacher des graines ou encore entreposer des proies en les empalant sur une aiguille d'aubépine (comme le font les pies-grièches) démontre que certains oiseaux sont très doués pour retrouver leur nourriture. Par exemple, la Mésange bicolore peut entreposer 50 000 graines au cours de l'automne dans autant de caches. Elle en retrouvera un bon nombre. Le Casse-noix d'Amérique parvient à localiser les graines de pins qu'il a cachées neuf mois plus tôt. Des repères situés près de la cache permettraient à l'oiseau de trouver son garde-manger.

Un vampire à plumes

Le régime du Pic maculé est aussi très particulier. L'oiseau est un véritable vampire qui suce la sève des arbres après avoir percé leur écorce d'une foule de trous symétriques, à la verticale et à l'horizontale. Il est doté d'une longue langue dont l'extrémité est munie de fines excroissances qu'il enduit de sève. En Amérique du Nord, 275 espèces d'arbres dont plusieurs conifères figurent à son menu. On comprend qu'il ait jadis été persécuté par les propriétaires forestiers.

Le Pic maculé choisit les arbres dont la sève est la plus abondante. L'hémorragie est rarement fatale mais les attaques répétées affaiblissent l'arbre. Les blessures entraînent parfois l'apparition de maladies susceptibles de provoquer sa mort. La partie entaillée devient aussi plus fragile et peut diminuer la résistance du végétal lors de grands vents.

En Europe, c'est le Pic tridactyle qui joue le rôle du Pic maculé. Curieusement, le même oiseau sur le continent américain ne s'attaque que rarement aux arbres.

Les colibris: les plus énergivores

Notre vampire à plumes n'est pas le seul à faire régulièrement la tournée de ses victimes pour en sucer la sève. Les insectes, d'autres pics et le Colibri à gorge rubis profitent aussi du repas gratuit.

Pour les colibris, qui sont parmi les espèces les plus énergivores, cette source alimentaire est la bienvenue. Et pour cause: leur vol s'effectue à raison de 50 à 70 battements d'ailes à la seconde. Pour survivre à un tel rythme, ils doivent manger toute la journée.

Certaines espèces accumulent des réserves dans leur jabot pour passer la nuit, alors que d'autres entrent dans un état de torpeur afin de diminuer leur consommation d'énergie. Ces précautions les aideront à s'envoler le lendemain matin.

Les colibris sont les oiseaux les plus énergivores qui soient.

Une recherche, menée à la fin des années 1980 au Brésil, a permis d'établir qu'un colibri de 10 g devait utiliser un demi-litre d'oxygène à l'heure pour consommer l'énergie dont il a besoin. C'est 10 fois plus que la quantité dont a besoin l'homme, toutes proportions gardées. Et pour faire circuler l'oxygène dans le sang de l'oiseau-mouche, le cœur peut battre jusqu'à 1440 fois à la minute (par rapport à 150 pour un humain qui fait de l'exercice). Cette vie trépidante maintient la température du corps du colibri à 40 °C.

L'espèce connue sous le nom de Coquette magnifique est cependant incapable d'accumuler suffisamment d'énergie pour maintenir la température de son corps aussi élevée durant la nuit. L'oiseau entre plutôt en état de torpeur, réduisant son métabolisme de moitié. Il consomme alors de 50 à 100 fois moins d'oxygène.

Le réveil est toutefois difficile. Le colibri doit sortir de sa léthargie et atteindre sa température normale avant de reprendre son envol. Cette période de consommation intense d'énergie dure parfois de 15 à 20 minutes. Avec ses faibles réserves, il n'a qu'une chance de réussir à s'envoler. S'il manque de carburant, l'issue est fatale.

Au menu: cire d'abeille, tortues et caribous

L'alimentation des oiseaux est en étroite relation avec leur habitat. Leur menu est très diversifié. Si plusieurs espèces mangent des insectes, les oiseaux de mer, eux, consomment tout ce que le milieu marin leur offre: méduses, étoiles de mer, oursins, vers, moules, poissons et crustacés. Les frégates sont réputées pour voler les poissons des autres oiseaux pêcheurs.

Certains sont granivores ou frugivores, souvent les deux à la fois. Les parulines nord-américaines mangent des insectes, mais plusieurs se nourrissent aussi de fruits après la nidification et au cours de l'hiver, lors de leur séjour dans le sud des États-Unis et au Mexique.

Les rapaces et des espèces comme les pies-grièches sont carnivores et mangent d'autres oiseaux mais aussi des grenouilles, des têtards, des lézards, des serpents. Certains comme le colibri, dont la diète quotidienne est principalement composée de nectar de fleurs, ajoutent à l'occasion des insectes à leur menu. Les charognards, eux, nettoient la nature.

Quant aux indicateurs africains, de petits oiseaux au plumage sombre, ils ont une prédilection pour la cire d'abeilles et les larves de ces insectes. Des mammifères et même des humains suivent le Grand Indicateur pour découvrir les nids d'abeilles que son odorat lui permet de détecter. À l'occasion, il défend ardemment son trésor contre les autres oiseaux affamés.

Le Grand Indicateur se nourrit de cire d'abeilles.

Des bébés et des aigles

Répandu en Amérique du Nord (il niche au Québec), en Asie et en Europe (principalement en Scandinavie), l'Aigle royal préfère les portions généreuses, parfois même de jeunes cervidés. À une lointaine époque, on allait même jusqu'à dire qu'il pouvait enlever et dévorer des nouveau-nés.

Le Caracara de la Guadeloupe, un grand rapace des Antilles, a été jadis exterminé parce que l'on croyait réellement qu'il représentait une menace pour les humains. De pures inventions, affirment les chercheurs qui se sont tout de même penchés sur le sujet.

L'Aigle royal, qui pèse cinq ou six kilogrammes, est cependant capable de s'attaquer à un quadrupède beaucoup plus imposant. Une recherche québécoise publiée à la fin de 1993 indique qu'un Aigle royal aurait déjà tué un jeune caribou dans le parc de la Gaspésie, le seul endroit au sud du Saint-Laurent où il existe encore une population de ces cervidés.

Selon Michel Crête, biologiste au ministère de l'Environnement et de la Faune du Québec, qui a participé à cette étude sur la prédation, les scientifiques savaient que les coyotes s'attaquaient aux jeunes caribous. Mais certains faits laissaient croire que l'Aigle royal pouvait aussi être compté parmi les prédateurs à cet endroit.

Un jour de mai 1989, un technicien du ministère a aperçu du haut d'un hélicoptère un Aigle royal bien installé sur la carcasse d'un jeune caribou. L'examen du cadavre révéla que la mort était récente. Le thorax avait été transpercé, tandis que le cœur, le foie et les poumons avaient été mangés en partie. Le lendemain de cette découverte, on constatait que la carcasse avait disparu, l'aigle ayant probablement transporté sa victime ailleurs.

Le ministère avait effectué cette étude après avoir observé que le taux de survie des caribous dans le parc était très faible. Mais si l'aigle semble avoir été en cause à une occasion, c'est la prédation des coyotes qui mettait en péril la harde de 250 têtes.

Les caribous et les Aigles royaux ne font pas bon ménage, surtout dans le nord de la Scandinavie où le rapace est considéré comme un prédateur important. Des études menées aussi en Finlande, de 1970 à 1985, indiquent que l'aigle et le renard roux sont responsables de 11 % des pertes de rennes, notamment chez les jeunes.

Selon Michel Crête, les caribous nouveau-nés sont parfois très chétifs; leur poids ne dépasse pas quatre kilogrammes. Ils sont évidemment des victimes faciles pour les rapaces.

Le biologiste cite une étude norvégienne qui démontre qu'un caribou nouveau-né a eu le crâne perforé, vraisemblablement par des serres. Dans un autre cas, le cervidé pesait 35 kilogrammes et avait subi le même sort.

Au Yukon, des témoins ont vu trois jeunes mouflons de Dall, pesant environ quatre kilogrammes, tués par un Aigle royal. D'autres ont déjà assisté à l'attaque d'un aigle, installé sur un promontoire qui, après avoir planté ses serres dans la carcasse de l'animal s'est élancé dans le vide avec sa proie qui pesait, croit-on, une dizaine de kilogrammes.

Tortues et hérissons au menu

L'Aigle royal peut aussi s'attaquer à des cerfs de Virginie, des antilopes américaines, des chèvres de montagnes et des mouflons. En temps de disette, il devient charognard et trouve parfois la mort dans les pièges des trappeurs.

En milieu agricole, on l'a souvent accusé de crimes qu'il n'avait pas commis. Sa mauvaise réputation de prédateur de moutons lui a d'ailleurs valu une guerre sans merci de la part des ranchers américains. Durant les années 1940 et 1950, ceux-ci en auraient abattu 20 000 en leur faisant la chasse à bord d'avions ou d'hélicoptères.

Une étude menée au Montana, dans une région où l'on élevait 35 000 moutons, révèle que l'on n'a trouvé aucune preuve pouvant démontrer que les aigles étaient responsables de la mort d'animaux d'élevage. On a seulement constaté que 70 % de leur régime alimentaire était constitué de lapins à queue blanche.

L'Aigle royal est un oiseau silencieux qui vit en couple solitaire. Considéré comme l'un des plus grands aigles au monde, il mesure un mètre de longueur et l'envergure de ses ailes dépasse les deux mètres. Même si, le plus souvent, il se laisse porter par les courants d'air, on dit qu'il pourrait atteindre en plongée la vitesse incroyable de 320 km/h.

Les femelles pondent en moyenne deux œufs par année et les petits prennent leur envol 65 jours après leur éclosion. Durant la période où les oisillons sont confinés au nid, les parents chassent surtout de petits oiseaux. Mais durant le reste de l'année, le régime alimentaire peut être très varié: chiens, chats, ratons laveurs, rats, mouffettes, serpents, insectes et même des tortues. Le mets préféré reste le lapin ou le lièvre, selon les régions.

En Europe, l'aigle montre une préférence marquée pour les marmottes, les jeunes du chamois et du chevreuil, les lapins de garenne, les renardeaux et les hérissons. Dans certains secteurs, son menu estival est composé à 20 % de tortues.

Au Canada, il fait de nombreuses victimes parmi les oiseaux: le Grand Héron, le Grand-duc d'Amérique, le Dindon sauvage, la Corneille d'Amérique, les oies, les canards, les gélinottes, les tétras, ou encore les pigeons vont lui servir de pitance.

L'Aigle royal est un oiseau futé qui peut même chasser en équipe pour mieux parvenir à ses fins. On en a déjà vu deux poursuivre un lapin qui a fini par se réfugier dans un bosquet. L'un des aigles s'est perché sur une branche pendant que l'autre s'est lentement dirigé vers la cachette de la bête en marchant. Une fois sorti de son abri, le lapin fut capturé par l'oiseau qui tenait l'affût.

Des corbeaux qui jouent au golf

Les oiseaux doivent souvent faire preuve de débrouillardise pour trouver leur nourriture. Des chercheurs citent le cas de deux corbeaux affamés qui observaient un chien en train de gruger un bel os. Un des oiseaux s'est approché de l'animal pour lui pincer la queue avec le bec. Le chien a alors laissé échapper son os, dont s'est rapidement emparé l'autre corbeau.

Quelques-uns ont poussé l'originalité jusqu'à se servir d'instruments pour chasser. Le cas le plus célèbre est celui du fameux Géospize pique-bois des îles Galapagos, un oiseau de la taille d'un bruant qui se sert d'une aiguille de cactus pour déloger ses proies. Il y a aussi le Vautour percnoptère d'Afrique qui, du haut des airs, laisse tomber des pierres sur les œufs d'autruche pour en briser la coquille. L'oiseau fait preuve d'une habileté remarquable.

En Amérique du Nord, le Héron vert va parfois à la pêche en lançant un appât à la surface de l'eau. Les petits poissons attirés par l'objet sont prestement capturés. La Sittelle à tête brune se sert d'un morceau d'écorce rigide comme levier pour dégager des insectes logés sous l'écorce écailleuse. On a observé un Geai bleu en captivité qui utilisait des morceaux de papier pour ramasser la nourriture laissée derrière les barreaux, à l'extérieur de sa cage.

Le Goéland argenté a aussi sa méthode pour se nourrir. Du haut des airs, il laisse tomber des moules ou des oursins sur le sol rocailleux pour les briser. Le Martin-chasseur géant, une espèce australienne d'une quarantaine de centimètres de longueur, fait la même chose pour tuer les serpents qu'il a capturés.

Le Vautour percnoptère brise les œufs d'autruches avec des pierres.

Cette tactique est aussi utilisée par le Grand Corbeau, parfois au grand dam des amateurs de golf. Sur plusieurs terrains de golf en Amérique du Nord, les amateurs ont vu des balles disparaître, volées par un corbeau ou une corneille. Les propriétaires du golf Des Saules, à Rimouski, sur la rive sud du Saint-Laurent, au Québec, ont connu des problèmes particulièrement importants: en 1990 seulement, les corbeaux ont chipé 8000 balles sur le terrain de pratique.

Le scénario était le suivant: les corbeaux ramassaient les balles, effectuaient quelques centaines de mètres dans les airs, parfois plus, puis les laissaient tomber sur le sol. Ensuite, ils examinaient leur butin, essayant vainement de briser la balle avec leur bec comme s'il s'agissait d'un œuf. Le même phénomène est survenu l'année suivante et il se produit encore sporadiquement. Un dépotoir situé non loin du terrain de golf explique, sans doute, la présence de nombreux corbeaux dans le secteur.

Les balles de golf sont souvent subtilisées par les corbeaux.

L'œil: des performances exceptionnelles

Le regard des rapaces a toujours fasciné. Cette faculté de pouvoir localiser leurs proies à de grandes distances a d'ailleurs été mise à profit durant des siècles en fauconnerie. Dans plusieurs pays, des milliers de rapaces ont ainsi été dressés pour chasser.

Ces yeux perçants ont aussi symbolisé la puissance chez plusieurs peuples. Les Romains avaient fait de l'Aigle royal leur emblème, alors que le Pygargue à tête blanche est devenu celui des Américains et que le Mexique, lui, a choisi le Caracara huppé.

Si on a eu tendance dans le passé à exagérer les performances des aigles et des faucons dans ce domaine, leur acuité visuelle n'en est pas moins trois fois supérieure à celle de l'homme. Ils peuvent aussi distinguer une vaste gamme de couleurs.

Mais ils ne sont pas les seuls puisque les petits passereaux qui doivent capturer des insectes pour survivre possèdent, eux aussi, une vue tout aussi perçante. Chasser de petites bestioles en plein vol exige une coordination visuelle exceptionnelle.

La paroi de la rétine de l'œil chez l'homme compte environ 200 000 cônes par millimètre carré. Les cônes sont des petites cellules nerveuses sensibles à la lumière (et aux couleurs) qui permettent de distinguer les détails d'une image. Chez le Moineau domestique, on en compte 400 000 au millimètre carré alors que cette densité atteint le million chez de nombreux rapaces. Par contre, les gallinacés ou les granivores sont moins bien pourvus sous ce rapport. Le Pigeon biset, par exemple, voit moins bien que l'homme et il lui faudra beaucoup plus de temps à s'adapter à la pénombre.

Par ailleurs, l'homme ne peut distinguer de façon précise que les objets qui se trouvent dans une petite partie de son champ visuel et son œil doit se déplacer constamment pour se faire une image générale de ce qu'il voit. L'oiseau, lui, peut distinguer clairement tout ce qui se trouve dans une vingtaine de degrés de son champ de vision, soit huit fois plus que l'homme. C'est ce qui lui permet notamment d'avoir une vue panoramique beaucoup plus importante que la nôtre et de percevoir les mouvements beaucoup plus facilement, sans avoir à bouger les yeux, une qualité essentielle pour un chasseur.

Des hiboux qui voient très bien durant le jour

Les grands-ducs voient mieux le jour que la nuit.

La Pie-grièche grise, une espèce dotée d'une vue aussi aiguisée que celle des aigles ou des faucons, peut distinguer un bourdon en vol à une distance de 140 mètres. L'oiseau a déjà tenté de capturer une souris en cage qu'il avait localisée à 275 mètres de son perchoir. Il peut aussi réagir à un de ses semblables aperçu 570 mètres plus loin et on l'a vu se précipiter vers le sol d'une distance atteignant 1,3 km pour attaquer une autre pie-grièche en captivité.

La rétine des oiseaux est aussi dotée de bâtonnets, d'autres cellules nerveuses qui permettent de concentrer la lumière et de percevoir les objets dans la pénombre comme le font les hiboux. Dans la nuit, le grand-duc peut distinguer les objets trois fois mieux que l'être humain, même s'il ne peut rien voir dans l'obs-

Le syrinx est l'organe qui produit les sons chez l'oiseau. Il peut émettre
simultanément deux chants distincts, mais très semblables, comme chez le Butor
d'Amérique. (page 70)
Photo Yves Laporte

L'étourneau sansonnet est un chanteur réputé et un excellent imitateur. Son talent
fut même reconnu par le grand Wolfang Amadeus Mozart. (page 76)
Photo Denis Faucher

L'imitateur le plus génial de la gent ailée serait le Moqueur polyglotte. Certains soutiennent qu'il peut imiter le chant d'au moins 150 espèces. (page 76)

Photo Denis Faucher

Ce n'est que récemment qu'on a eu la certitude que l'Urubu à tête rouge, un charognard, pouvait localiser sa nourriture grâce à son odorat. (page 88)
Photo Denis Faucher

Les oiseaux sont beaucoup moins doués que les mammifères en ce qui a trait au goût. La Mésange charbonnière, elle, rejette cependant les aliments amers. (page 90)

Photo André Desrochers

Les fréquentations ont plusieurs variantes chez les oiseaux. Cette Sterne pierregarin préfère le dîner en tête-à-tête et apporte un poisson à sa préférée. (page 104)
Photo Denis Faucher

Le Hibou des marais (ici, un jeune) utilise très peu de matériaux pour la confection de son nid. (page 109)
Photo Denis Faucher

L'Hirondelle rustique peut faire 1200 déplacements pour trouver la quantité de boue nécessaire à la construction de son nid. (page 107)
Photo Denis Faucher

curité totale. Mais sans leur ouïe extrêmement bien développée, les rapaces nocturnes auraient probablement beaucoup de difficultés à se nourrir convenablement. En dépit de leurs aptitudes, ils doivent effectuer jusqu'à cinq attaques avant d'obtenir un repas.

Contrairement à la croyance populaire, les hiboux disposent quand même d'un nombre de cônes suffisant pour leur permettre de voir très bien durant le jour. Les grands-ducs, par exemple, distinguent mieux les objets le jour que la nuit. On cite d'ailleurs l'exemple de ce Grand-duc d'Amérique qui avait détecté en plein jour une buse volant à une hauteur telle que l'observateur ne pouvait pas la voir.

Deux yeux ou un seul?

Avec l'ouïe, la vue est le sens le plus important chez l'oiseau, même chez les rapaces nocturnes. Cette faculté permet de trouver la nourriture, de localiser un conjoint, de manœuvrer correctement en vol, de détecter les prédateurs et de chasser. D'ailleurs, l'œil occupe une place considérable dans le crâne de l'animal. Il représente environ 15 % de la masse crânienne chez l'Étourneau sansonnet. Dans le cas de certaines espèces, le poids des deux yeux est presque aussi important que toute la masse crânienne et ils sont parfois aussi gros que les yeux humains.

Les volatiles sont aussi dotés d'une vision monoculaire et binoculaire. Chaque œil voit et bouge de façon indépendante, toujours à l'horizontale. Un merle qui veut distinguer avec précision un objet situé près de lui, comme on peut l'observer souvent sur nos gazons, fera appel à chaque œil à tour de rôle, en tournant rapidement la tête. Chez les hiboux, l'œil est encastré dans le crâne et ne peut bouger.

L'étendue du champ de vision de chaque oiseau varie selon l'espèce. Chez la bécasse, par exemple, les yeux sont situés vers l'arrière de la tête. Ils possèdent, chacun de leur côté, un champ de vision de 180 degrés et ils peuvent voir aussi bien en arrière qu'en avant. Par contre, le grand-duc a une piètre vision monoculaire, ses yeux fixes étant orientés vers l'avant. Il compense cette lacune en effectuant des rotations de la tête pouvant atteindre 270 degrés.

Grâce à la position de leurs yeux, les hiboux ont toutefois une vision binoculaire exceptionnelle. Quand les deux yeux peuvent voir les mêmes objets en même temps, comme chez l'homme, la profondeur du champ visuel augmente considérablement. Ceci permet de distinguer le contour des objets et d'obtenir une meilleure perspective. Chez les hiboux, 60 à 70 % de la vision est binoculaire tandis que cette proportion varie de 25 à 50 % chez les rapaces et chez certains grands insectivores. Les granivores sont beaucoup moins favorisés puisqu'à peine 10 à 30 % de leur champ visuel est binoculaire.

Un masque de plongée pour les canards

L'œil doit être constamment nettoyé et humidifié. Chez l'oiseau, c'est la membrane nictitante qui remplit cette fonction. Il s'agit en réalité d'une troisième paupière qui est repliée dans le coin de l'œil près du bec. Elle est transparente chez les oiseaux diurnes et balaie constamment l'œil à l'horizontale ou de façon oblique afin de nettoyer et d'humidifier la cornée et cela, sans trop perturber la vision. Le mouvement est plus fréquent si la tête de l'oiseau bouge.

La membrane nictitante joue aussi un rôle de protection et on a constaté chez le Pigeon ramier qu'elle recouvrait la cornée au moment précis où l'oiseau picorait sur le sol.

La Pie-grèche grise a une vue exceptionnelle.

Comme plusieurs autres oiseaux plongeurs, le Petit Pingouin, une espèce assez répandue dans l'estuaire du Saint-Laurent et dans l'Atlantique Nord, est doté pour sa part d'une membrane possédant une petite «fenêtre» centrale qui lui permet de voir correctement dans l'eau, un peu comme un masque de plongée.

Quand l'oiseau s'endort, les deux paupières de chaque œil se referment. Chez les espèces diurnes, la paupière inférieure remonte habituellement, alors que l'inverse se produit chez les espèces nocturnes.

Le Petit Pingouin possède un «masque de plongée».

Le chant: pas de cordes vocales mais deux voix simultanées

La plupart des oiseaux chantent, certains sont même des virtuoses, alors que d'autres sont plutôt silencieux.

Le Tantale d'Amérique, des charognards comme l'Urubu à tête rouge nord-américain ou encore le Gypaète barbu, le Vautour percnoptère et le Vautour moine, vivent dans un mutisme presque total. À part quelques «croaks», on ne les entend guère.

Les grands oiseaux marins, dotés de narines externes pour expulser le sel, comme les fulmars et les pétrels, restent cois une grande partie de leur existence. Le Petit Pingouin fait aussi partie de cette minorité silencieuse même s'il peut émettre certains «grognements».

Contrairement aux humains, les oiseaux ne possèdent pas de cordes vocales. Leur «voix» est le résultat d'un phénomène anatomique bien particulier: en réalité, plusieurs oiseaux émettent des sons le bec fermé et parfois même, le bec bien rempli.

Un ventriloque

Chez l'homme, la voix est produite par la vibration des cordes vocales dans le larynx, au sommet de la trachée-artère.

L'oiseau, lui, est plutôt ventriloque. La caisse de résonance émettant le son est un élargissement de la trachée, là où le conduit respiratoire se divise pour former les bronches: c'est le syrinx, un organe exclusif aux oiseaux. Il s'agit d'une boîte cartilagineuse dotée de membranes élastiques. Le syrinx est contrôlé par des muscles qui varient la tension et la position des tissus vibrant au passage de l'air.

Cet organe composé de deux parties indépendantes est capable de produire simultanément deux chants distincts mais très semblables. Les deux sources de son peuvent également se fondre pour produire un chant unique, un aspect découvert il y a seulement quelques années.

Ce phénomène a d'abord été observé chez le Moqueur roux, explique l'auteur Frank B. Gill. On s'est ensuite rendu compte qu'il existait aussi chez les grèbes, les butors, les canards, les bécasseaux et plusieurs espèces d'oiseaux chanteurs.

Le phénomène est également présent chez le Méliphage carillonneur, appelé *bellbird* en anglais, un oiseau des Tropiques du Nouveau Monde dont le chant imite le son d'une cloche et vous fait sursauter.

En général, les oiseaux chantent en expulsant l'air de leurs poumons. Mais contrairement à nous, les cavités nasales, le bec ou encore la gorge jouent un rôle minime dans la production des sons. Ils servent plutôt à les modifier. À part quelques exceptions, la qualité et la complexité du chant de l'oiseau sont proportionnelles au nombre de muscles «syringaux».

Le pigeon, par exemple, n'en a qu'une seule paire, alors qu'on en retrouve de cinq à neuf chez la plupart des oiseaux chanteurs et certaines autres espèces douées comme la corneille et le Moqueur chat. L'Étourneau sansonnet, un maître de l'imitation, possède de sept à neuf paires de muscles.

Le silencieux Urubu à tête rouge, lui, n'a pas de syrinx, tandis que les tantales et des oiseaux apparentés aux autruches sont entièrement dépourvus de muscles «syringaux».

Le volume de la voix résulterait davantage de la résonance que de la pression de l'air sortant des poumons.

Un cri de guerre

Quelle est la différence entre le cri et le chant? Selon la définition des chercheurs, le cri est bref (rarement plus de cinq notes) et constitue un message. Il sert, par exemple, à intimider un agresseur, à déclencher l'alerte en cas de danger pour inciter les petits à se cacher, à identifier une source de nourriture ou encore, à sonner le ralliement des oisillons comme chez la poule domestique. Chez les oiseaux grégaires ou lors des migrations en groupe comme chez les oies, il facilite la localisation des oiseaux entre eux.

L'émission et l'interprétation du cri seraient innées. Les Étourneaux sansonnets et plusieurs oiseaux noirs comme les quiscales et les vachers nord-américains réagissent instantanément au cri de détresse d'un oiseau voisin, qu'il soit ou non de la même espèce.

Souvent louangé par les poètes, le chant des oiseaux n'a souvent rien à voir avec la tirade amoureuse qu'on veut bien entendre. Au contraire, il s'agit généralement d'un cri de guerre.

Considéré comme un caractère sexuel secondaire, le chant est habituellement l'apanage du mâle et il est contrôlé par certaines hormones. L'objectif principal du chanteur est d'aviser les autres mâles de son espèce qu'il est le maître de son territoire aux frontières invisibles. Une façon musicale de dire: défense de passer.

Le chant attire aussi l'attention des femelles en vue de l'accouplement. Il aide à maintenir les liens du couple durant la nidification, ainsi que la cohésion sociale de l'espèce.

Le Cardinal rouge est bien doué pour le chant.

Un répertoire très vaste

Le répertoire de chants, en partie inné, est souvent enrichi de créations originales. Autant par sa forme que par sa composition et son exécution, le chant devient une caractéristique individuelle et parfois même un dialecte régional. Il permet d'identifier les petits, les parents, les membres du couple ainsi que les voisins. Il a été démontré que plusieurs oiseaux chanteurs isolés de leurs parents en bas âge étaient incapables de chanter correctement.

Le répertoire est plus complexe qu'il n'y paraît. Le Bruant chanteur, un virtuose nord-américain familier aux observateurs, produit de 8 à 10 mélodies différentes, parfois une vingtaine. On a déjà entendu 200 versions d'un même chant. En plus de ce talent musical, il possède une oreille bien aiguisée qui lui permet de distinguer le chant de ses voisins pour éviter les disputes territoriales.

Les femelles attirées par le talent

Jim Mountjoy s'est intéressé au chant des étourneaux durant des années. Il en a fait le sujet principal de sa thèse de doctorat à l'Université McGill de Montréal. Ce chercheur a étudié des milliers d'enregistrements de chants du sansonnet. Il a constaté que plus le mâle était âgé et expérimenté, plus son répertoire était grand et son chant complexe. De plus, cette virtuosité lui permet d'attirer un plus grand nombre de femelles que ses compétiteurs moins doués.

Les autres mâles savent reconnaître la supériorité biologique d'un chanteur en entendant son répertoire, si bien qu'on préfère le laisser en paix. Pourquoi provoquer une altercation si on est assuré de perdre la guerre devant un Caruso à plumes?

D'après M. Mountjoy, les femelles profitent elles aussi de cette supériorité. En s'accouplant au meilleur chanteur, elles augmentent leurs chances de trouver un endroit de nidification plus sûr et plus adéquat.

Les étourneaux les plus âgés passent habituellement l'hiver au Québec, alors que les jeunes de l'année émigrent. Lorsque ceux-ci reviennent au printemps, on assiste à une compétition féroce pour le choix du territoire.

Les vieux mâles, qui sont les plus expérimentés et les meilleurs chanteurs, défendent souvent plusieurs endroits de nidification. Ils peuvent même féconder deux femelles, mais la proportion de bigames ne dépasserait pas les 5 %.

Le chant des mâles dominants attire aussi les jeunes les plus futés qui les suivent pour repérer les meilleurs lieux de nidification. Comme les aînés sont fort occupés avec leur famille à élever, ils finissent par céder à leurs rivaux les cavités qui les intéressent le moins.

Plus de 22 000 chants dans une journée

Les oiseaux font habituellement entendre leur chant au printemps lors de la prise de possession du territoire, durant la formation du couple et au cours de la période de nidification. Le chant cesse généralement pendant la mue. Il y a, bien sûr, des exceptions. Les oiseaux grégaires ou territoriaux chantent toute l'année, même en plein cœur de l'hiver. À cette époque, leur chant est cependant moins intense qu'en période de reproduction.

Le chant est une suite de notes assez élaborées, souvent regroupées sous forme de phrases musicales répétées à intervalle régulier. La prestation dure environ quatre secondes mais peut s'étendre sur une dizaine de secondes dans le cas du Troglodyte mignon, par exemple.

Auteur de nombreux ouvrages sur l'avifaune de l'Amérique du Nord, Arthur Cleveland Bent rapporte que le chant mélodieux du Cardinal à poitrine rose dure de 2 à 6,8 secondes, alors que celui du Cardinal rouge varie de 1,8 à 4,2 secondes.

L'exécution est souvent répétitive. Par exemple, un Bruant chanteur a déjà répété le même air 2305 fois au cours d'une journée de mai. On a aussi observé qu'une paruline avait chanté 3000 fois en 16 heures. Un des records dans ce domaine serait détenu par un Viréo aux yeux rouges qui aurait chanté 22 197 fois au cours d'une seule journée.

Les oiseaux produisent parfois une mélodie plus douce, plus élaborée que le chant principal, habituellement les jours de mauvais temps ou durant les périodes chaudes.

Les oiseaux commencent habituellement à chanter au lever du jour. L'intensité du concert diminue progressivement jusqu'à midi pour reprendre un peu plus tard et se poursuivre jusqu'à la fin de la journée.

Un mâle chantera à différents moments du jour si un intrus envahit son territoire. Certaines espèces (Merle d'Amérique, Merle noir, Bruant vespéral) chantent souvent au sol mais la plupart préfèrent se donner en spectacle du haut d'un perchoir.

Des oiseaux diurnes peuvent chanter aussi la nuit, comme le Moqueur polyglotte. En plein cœur de Montréal, au cours de la migration printanière, on entend à l'occasion au beau milieu de la nuit le chant du Bruant à gorge blanche, un oiseau typiquement forestier. La lumière urbaine lui donne probablement l'impression d'être en plein jour.

Chanter en duo

La durée du chant du Cardinal à poitrine rose varie de 2 à 6,8 secondes.

À travers le monde, environ 200 espèces chantent aussi en duo, dont le Moineau domestique. Chez les gonoleks, des oiseaux d'Afrique semblables à nos pies-grièches, la performance du duo est même exceptionnelle. Mâles et femelles fredonnent alternativement des portions d'un même chant, mais la coordination est telle qu'on a l'impression d'entendre un seul chanteur. La période de silence entre chaque reprise est si courte qu'il est presque impossible de la remarquer.

Quel est l'oiseau qui chante le mieux? L'appréciation reste très subjective et les artistes sont innombrables sur chaque continent. Un chercheur américain s'est déjà penché sur le sujet en étudiant et en classifiant 70 espèces nord-américaines. Les trois plus grands virtuoses étaient, dans l'ordre, le Troglodyte de Bewick, un petit oiseau qu'on retrouve du sud de l'Ontario jusqu'au Mexique, le Troglodyte mignon, une espèce répandue un peu partout en Europe et en Amérique du Nord, ainsi que le Moqueur polyglotte, un maître de l'imitation.

Des imitateurs au talent fou

Plusieurs oiseaux sont d'excellents imitateurs. La petite Rousserolle verderolle occupe la première place en Europe. Elle peut reproduire le chant ou les cris d'une centaine d'espèces d'oiseaux qui sont, pour la plupart, originaires d'Afrique où elle passe l'hiver. Au nombre des espèces familières imitées figurent le Merle noir, l'Hirondelle rustique et la Mésange bleue.

L'Étourneau sansonnet est un autre génie de l'imitation. Il peut non seulement reproduire le chant d'une cinquantaine d'espèces d'oiseaux, mais il est aussi capable d'imiter le miaulement d'un chat, l'aboiement d'un chien ou le meuglement d'une vache. À l'occasion, s'il est entraîné, il peut arriver à prononcer des mots.

On a même déjà vu l'étourneau imiter le tambourinage d'un pic en tapant sur un revêtement de tôle. Pourtant son bec, si long soit-il, n'est pas conçu pour ce genre d'exercice éprouvant. Des observateurs l'ont entendu imiter une foule d'oiseaux aussi diversifiés que le Moineau domestique, le Goéland argenté et des espèces familières nord-américaines comme le Pluvier kildir, le Carouge à épaulettes et le Chardonneret jaune.

L'étourneau de Mozart

En Angleterre, le propriétaire d'un Étourneau sansonnet a réussi à faire apprendre plusieurs mots et même des comptines à son protégé. Son imitation de la sonnerie du téléphone était tellement parfaite qu'elle amenait immanquablement son maître à décrocher le récepteur.

L'étourneau le plus célèbre est probablement celui que possédait le grand Wolfang Amadeus Mozart. Dans le relevé de ses dépenses du 27 mai 1784, le compositeur avait noté l'achat de l'oiseau dans une animalerie. On raconte qu'il avait été séduit par ce chanteur capable d'imiter des parties de son *Concerto* pour piano n° 17 en sol majeur. On ignore toutefois comment le volatile avait réussi à apprendre ces notes. Il avait peut-être déjà entendu Mozart siffler ou chantonner ses partitions, selon son habitude, alors qu'il s'était arrêté dans l'animalerie.

On ignore l'influence qu'a pu exercer l'oiseau sur la musique du compositeur mais il semble que ce dernier y était très attaché. À sa mort, l'étourneau fut enterré avec cérémonie et Mozart lui dédia même un poème.

L'imitateur le plus génial de la gent ailée serait le Moqueur polyglotte, le fameux *mockingbird* des Américains. Sa virtuosité est telle que des analyses électroniques n'ont pu faire la distinction entre l'imitateur et le sujet imité.

Répandu à travers l'Amérique du Nord jusqu'au sud du Mexique et dans les Antilles, le moqueur agrandit son territoire vers le nord depuis quelques années et il fait maintenant partie des espèces nicheuses du Québec. L'hiver, il ne migre pas et se nourrit de petits fruits qu'il réussit à trouver ici et là.

La perruche peut apprendre de nombreux mots.

Le Moqueur polyglotte porte bien son nom. Il peut imiter des dizaines d'espèces (certains avancent le chiffre de 150) en plus de croasser comme une grenouille, de reproduire le cri des criquets, d'aboyer, de miauler, de caqueter comme une poule, de glousser comme un dindon et d'imiter le crissement d'une roue ou les notes d'un piano.

Même si l'on écoute attentivement, il n'est pas toujours aisé de reconnaître l'oiseau imité. Car l'artiste n'imite souvent qu'une petite partie d'un chant. Des chercheurs l'ont entendu reproduire le cri ou le chant de 23 espèces en une dizaine de minutes. Son répertoire se modifie et s'enrichit avec l'âge.

Des artistes méconnus

Si ces trois espèces occupent une place à part, des centaines d'interprètes méconnus s'adonnent aussi à l'art de l'imitation. On estime que de 15 à 20 % de tous les passereaux du monde pratiquent une forme ou une autre d'imitation.

En Amérique du Nord, le Moqueur chat est particulièrement talentueux. Curieusement, son cri naturel, le miaulement d'un chat, n'est pas une imitation. Il sait reproduire le chant d'une quarantaine d'espèces dont celui du Geai bleu, de l'Hirondelle rustique, du Merle d'Amérique et même des grenouilles.

Le Moqueur roux a des capacités plus limitées. Il est dépassé de loin par le minuscule Troglodyte de Caroline qui devient tour à tour Martin-pêcheur d'Amérique, Carouge à épaulettes, Oriole du Nord, Merle-bleu de l'Est et même... Moqueur chat.

Un peu comme certaines de ses cousines européennes, la Pie-grièche migratrice, une espèce menacée de disparition au Québec, peut elle aussi copier des sons émis par les autres oiseaux. Elle imite notamment le Tyran tritri, le Viréo aux yeux rouges, ou encore le Merle-bleu de l'Est.

Les corvidés sont aussi de bons imitateurs. On a rapporté le cas de Geais bleus qui reproduisaient les chants de la Buse à queue rousse, de l'Engoulevent bois-pourri ou du Merle d'Amérique. Certaines Corneilles américaines savent aussi imiter la plainte d'un chien, le cri d'un enfant ou le caquetage d'une poule et d'un coq.

En Europe, le Geai des chênes, le Phragmite des joncs, le Rouge-queue à front blanc ainsi que la Pie-grièche écorcheur sont considérés comme d'excellents artistes dans ce domaine.

L'auteur John K. Terres rapporte qu'un chercheur européen avait été intrigué, un jour, par un Merle noir dont le cri ressemblait à un sifflement. Après une enquête dans le voisinage, il constatait que l'oiseau imitait depuis des années une personne qui appelait ses chats en sifflant.

On cite aussi le cas d'un Geai des chênes que le célèbre éthologiste Niko Tinbergen étudiait avec des élèves dans un camp en Hollande. Tinbergen avait l'habitude de réveiller ses troupes en sifflant tout en tapant sur la toile de leur tente. Un matin vers quatre heures, le geai imita le professeur. Il réussit si bien que les étudiants se précipitèrent hors de leur tente pour constater la méprise, à leur grand étonnement.

On ignore encore les raisons pour lesquelles un oiseau imite ses congénères. Il doit avoir entendu un chant à quelques reprises pour le reproduire. Dans le cas du Moqueur polyglotte, on pense que les prestations permettent aux chanteurs de se distinguer, ce qui pourrait avoir un rôle hiérarchique chez les membres de l'espèce.

Chez la Rousserolle verderolle, l'imitation d'oiseaux africains permettrait de localiser un mâle qui hiverne au même endroit.

Les oiseaux qui parlent

Plusieurs oiseaux sont capables de reproduire la voix humaine. Le talent des grands perroquets est reconnu depuis longtemps mais ils ne sont pas les seuls à parler. Originaire de la Malaisie et membre de la grande famille des étourneaux, le Mainate religieux est devenu un oiseau de volière vendu à travers le monde en raison de ses dons de parole. On cite notamment le cas d'un spécimen qui pouvait chanter toute une comptine.

Comme c'est le cas des Étourneaux sansonnets, les corbeaux et les corneilles, entraînés en bas âge, peuvent aussi apprendre à dire quelques mots et même à imiter le rire.

Dans ce domaine, les champions demeurent tout de même les perroquets et les perruches, surtout si le professeur est patient. Certains oiseaux sont manifestement plus talentueux que d'autres. Par exemple, une perruche, après seulement quelques jours d'apprentissage, réussissait à dire des phrases et même à compter jusqu'à 10. Un autre sujet très doué prononçait clairement plus de 500 mots, en plus de réciter des comptines.

Un comportement de bébé

Des recherches indiquent que dans leur milieu naturel, en Australie, les perruches s'imitent entre elles. Une pratique qui, croit-on, renforcerait les liens du couple ou les liens entre les membres du même groupe, cette espèce étant grégaire.

Les perruches et les perroquets de volières, par contre, auraient un vocabulaire plus évolué à cause de leur étroite relation avec les humains.

L'oiseau semble comprendre qu'en répétant des mots, il attire l'attention de son propriétaire, ce qui l'inciterait à parler davantage. Les perroquets seraient d'ailleurs plus volubiles lorsque leur maître les quitte, sans doute parce qu'ils espèrent le faire revenir.

Ce comportement s'apparenterait à celui des nouveau-nés. Les premiers efforts consentis pour imiter la voix humaine permettent en effet à l'enfant d'obtenir l'attention et les faveurs de sa mère. On conseille d'ailleurs à ceux qui désirent apprendre à parler à leur volatile de compagnie de le nourrir à la main en lui soufflant quelques mots.

Selon des recherches récentes, certains oiseaux seraient capables d'une compréhension étonnante et parviendraient à faire des associations d'idées dans des circonstances particulières. Des phénomènes qui suscitent des interrogations sur la notion d'intelligence.

Voici deux exemples dont l'un m'a été fourni par une lectrice de Montréal qui possédait une perruche exceptionnelle dont les talents impressionnaient son entourage.

Le cas de Loulou et d'Alex

Il y a quelques années, Mme Lucille Hétu décidait de profiter d'un congé de maladie pour «faire l'école» à Loulou, une perruche mâle à peine sortie du nid. Après quelques mois de classe, Loulou commençait à prononcer ses premiers mots et au bout de trois ans de cours intensifs, l'oiseau possédait un vocabulaire de 130 mots. Il pouvait réciter 38 phrases et parlait parfois durant 25 minutes sans interruption.

Au cours d'une soirée où Mme Hétu tombait presque de sommeil en lisant son journal, Loulou lui dit: «Va te coucher.» D'autres fois, en voyant sa maîtresse cuisiner, la perruche lui demandait: «Qu'est-ce que tu fais?»

Le matin, à la sortie de sa cage, Loulou venait parfois se percher sur l'épaule de Mme Hétu en lui lançant: «Bonjour, as-tu bien dormi?»

La propriétaire raconte aussi que sa perruche répétait plusieurs fois d'affilée «Dédé parti!» après le départ de la maison de son conjoint. Un jour, après l'avoir vu quitter la demeure de mauvaise humeur, Loulou s'exclama: «Dédé parti choqué.»

Les performances du perroquet Alex, elles, sont réputées dans le monde scientifique. Entraîné depuis plusieurs années par Irène

Pepperberg, une chercheuse de l'Université de l'Arizona, ce Perroquet jaco a appris à faire des associations d'idées dont les oiseaux parleurs semblaient incapables jusqu'ici. À maints égards, Alex est allé plus loin que les singes dans son apprentissage.

Ainsi, il a appris à dire «non» lorsqu'il ne veut pas qu'on le touche. Il peut aussi identifier et demander plus de 80 objets de différentes couleurs, formes ou matériaux. Par exemple, si on l'interroge sur la couleur d'un objet carré parmi d'autres aux coloris et aux formes différentes, il répond la plupart du temps correctement.

Alex peut même dire si des formes sont semblables ou non. En 1994, on lui a appris à compter mais en l'amenant cette fois à saisir que chaque chiffre correspondait à un nombre d'objets précis. Il peut ainsi établir une relation entre le chiffre, le groupe et la couleur des objets qu'il représente.

Le Perroquet jaco, comme Alex, peut parfois parler de façon très élaborée.

Une oreille moins aiguisée que la nôtre

Même si les rapaces nocturnes comme les hiboux et les chouettes ont une ouïe exceptionnelle, l'oreille des mammifères en général et celle des humains en particulier, est beaucoup plus aiguisée que celle de la plupart des oiseaux.

L'homme peut percevoir les sons dont la fréquence se situe entre 20 et 20 000 cycles par secondes (hertz) mais la majorité des oiseaux sont incapables d'en faire autant.

L'Étourneau sansonnet entend presque les mêmes sons aigus que nous, mais sa faculté de perception diminue considérablement pour les basses fréquences. Les sons de moins de 650 hertz lui sont inaudibles. Le Moineau domestique est dans la même situation. Quant au Pigeon biset ou au poulet domestique, ils sont capables d'entendre des notes graves que les humains ne peuvent percevoir.

Le Pic chevelu peut entendre des sons de très basses fréquences. On croit qu'à l'exemple des autres pics, il se sert de son oreille pour détecter les insectes qui percent le bois, des sons inaudibles pour l'homme mais que l'on peut très bien entendre à l'aide d'un stéthoscope.

Contrairement aux chauves-souris, les oiseaux ne perçoivent pas les ultra-hautes fréquences (inaccessibles à l'oreille humaine). Ils sont toutefois sensibles aux changements de tonalité bien que, là encore, la perception humaine soit supérieure. En revanche, les oiseaux démontrent beaucoup plus de facilité à localiser la provenance d'un son.

Un grand-duc à l'attaque

La capacité auditive des oiseaux varie d'une espèce à l'autre. Le plus souvent, l'audition est le sens qui est le plus mis à contribution après la vision.

Les oreilles des oiseaux ne possèdent pas de pavillons externes et elles sont recouvertes de plumes, sauf chez les autruches et les vautours de l'Ancien Monde. Ces plumes n'ont cependant pas de barbules (qui pourraient constituer une obstruction aux sons). Chez certains oiseaux plongeurs, comme les manchots, des muscles circulaires de la partie externe de l'oreille ferment complètement l'orifice lorsque l'animal est sous l'eau.

L'oreille aviaire est aussi dotée d'une membrane semblable au tympan et de canaux semi-circulaires qui jouent un rôle capital pour l'équilibre. On a même établi une relation entre l'importance de ces canaux et les performances aériennes de certaines espèces. Les canaux seraient, en effet, plus importants chez les faucons que chez le canard, par exemple.

Contrairement aux autres, les rapaces nocturnes, surtout les grands-ducs et l'Effraie des clochers, possèdent une ouïe très développée. Ces oiseaux peuvent capturer une proie dans l'obscurité totale en se guidant uniquement avec ce sens.

Le disque facial de l'effraie n'est pas symétrique, comme c'est aussi le cas de ses oreilles: celle de gauche est légèrement plus

Chez l'Effraie des clochers, l'oreille gauche est plus haute que l'oreille droite.

élevée que celle de droite. Elle est aussi plus sensible à la provenance de certains bruits. L'effraie peut facilement détecter les sons à hautes fréquences alors que ses deux cousins, le Grand-duc d'Amérique et le Grand-duc d'Europe, sont très sensibles aux basses fréquences, beaucoup plus que les humains.

En 1992, par exemple, on signalait le cas exceptionnel d'un Grand-duc d'Amérique, aveugle et affamé, qui s'était attaqué à une écolière de 11 ans, en plein jour, à Vendée, un village de la région de l'Outaouais, au nord-ouest de Montréal. Les yeux perforés par les aiguilles d'un porc-épic, le rapace avait localisé la fillette en se fiant uniquement au bruit de ses pas, croyant qu'il s'agissait d'une proie. L'animal, qui n'était évidemment pas dans son état normal, a été abattu et l'écolière s'en est tirée avec une cicatrice à l'oreille.

Un cas à part: le guacharo et la salangane

Le cas des Guacharos et des salanganes est unique dans le monde avien. Ces oiseaux vivent dans des cavernes et se déplacent à la manière des chauves-souris grâce au mode d'orientation appelé écholocation. Ils repèrent donc les obstacles en émettant des ultrasons qui produisent un écho.

Les salanganes sont des oiseaux semblables aux martinets qui vivent dans les cavernes sur le bord de la mer en Malaisie. Les Asiatiques apprécient particulièrement le nid de cet oiseau, connu sous le nom de «nid d'hirondelle» et considéré comme un mets de choix.

Le Guacharo des cavernes se comporte un peu à la façon des chauves-souris.

Quant au Guacharo des cavernes, il ressemble à un engoulevent brunâtre d'une trentaine de centimètres de long; l'envergure de ses ailes est d'environ un mètre. Il habite les cavernes d'Amérique du Sud et de certaines îles des Antilles. On peut visiter l'une d'elles, au Venezuela; y observer les oiseaux est un spectacle impressionnant.

Le visiteur peut entendre les chuintements émis par les centaines de guacharos qui virevoltent au plafond en se déplaçant dans l'obscurité totale. À des intervalles de quelques secondes, les oiseaux émettent des sons qui se répercutent sur les parois de la caverne et les aident à se situer.

Ce mode d'orientation est toutefois beaucoup moins perfectionné que celui de la chauve-souris. Si le guacharo peut éviter les objets de deux centimètres et plus de diamètre, il entre en collision avec les plus petits.

Ces oiseaux sortent de leur caverne à la nuit tombante pour partir à la recherche de nourriture — des fruits — qu'ils rapportent pour les déguster à domicile. Contrairement à la chauve-souris, ils n'utilisent pas leur «radar» pour localiser leur pitance. On croit plutôt qu'ils se servent de leur odorat.

L'odorat: beaucoup plus important qu'on le croyait

Le sens de l'olfaction n'a pas attiré l'attention de beaucoup de chercheurs en ornithologie. On a cru pendant longtemps que la grande majorité des oiseaux était incapable de percevoir les odeurs. Les découvertes intéressantes dans ce domaine furent réalisées seulement au cours de la dernière décennie.

On savait, par contre, que plusieurs espèces marines, dont les albatros et le Macareux moine, étaient pourvues d'odorat. Il était aussi reconnu que le Kiwi austral de la Nouvelle-Zélande, un oiseau nocturne, utilisait ce sens pour percevoir ses proies. Incapables de voler, les kiwis ont les narines situées à l'extrémité du bec pour mieux sentir, une exception dans le monde aviaire. Ils se nourrissent surtout de vers de terre qu'ils localisent par l'odeur. On a d'ailleurs démontré que cet oiseau (on en compte trois espèces) pouvait facilement détecter un appât odorant enfoui sous quelques centimètres de terre, alors qu'il restait indifférent à un autre qui ne dégageait aucune senteur particulière.

On croyait, par ailleurs, que les petits passereaux, comme les bruants nord-américains ou les fauvettes européennes, étaient inaptes à percevoir les odeurs. Le phénomène s'expliquait, disait-on, par le fait que leurs lobes olfactifs étaient très petits comparativement à ceux des mammifères et à ceux des oiseaux dont le sens de l'olfaction était connu.

Des herbes odorantes pour le nid

Des données recueillies récemment ont modifié le point de vue des scientifiques. Plusieurs expériences ont en effet démontré qu'en dépit de leurs lobes olfactifs minuscules, de nombreux passereaux pouvaient détecter certaines odeurs aussi bien que les lapins ou les rats.

Des chercheurs soutiennent même aujourd'hui que la plupart des oiseaux perçoivent les odeurs et utilisent cette aptitude dans leur vie quotidienne, même si elle est moins importante que leur acuité visuelle et auditive.

L'Étourneau sansonnet, par exemple, choisit certains matériaux pour la construction de son nid en se servant de son odorat. Parfois, il y dépose certaines plantes odorantes qui empêchent la croissance de bactéries ou qui bloquent l'éclosion des œufs de parasites comme les mites, des bestioles pouvant sucer jusqu'à 20 % du sang des oisillons.

Même si on se doutait que certains oiseaux charognards se servaient de leur odorat pour trouver leur repas, peu de preuves concrètes le démontraient. Mais au milieu des années 1980, on a fait appel à l'Urubu à tête rouge pour détecter une fuite dans un pipeline. Cette espèce nord-américaine que l'on associe habituellement aux étendues désertiques rappelle les vautours du sud de l'Europe. Elle est présente presque partout sur le continent, jusque dans le sud du Québec.

La Pie bavarde se sert parfois de son odorat pour trouver sa nourriture.

On a donc inséré dans le pipeline un produit chimique émettant une odeur de pourriture et on a constaté que 65 kilomètres plus loin, un groupe d'urubus s'était donné rendez-vous au-dessus de la fuite. La Pie bavarde détecterait aussi la viande avariée grâce à son sens de l'olfaction.

S'orienter grâce à l'odeur

Des tests menés en laboratoire avec des canaris, des Urubus à tête rouge, des poulets domestiques, des pigeons et des canards ont démontré que ces oiseaux percevaient les odeurs. Chez le Canard colvert, on a constaté que l'excitation sexuelle était en grande partie reliée aux «parfums» dégagés par la femelle durant la période nuptiale.

Des espèces marines comme les fulmars et les albatros pourraient facilement localiser de l'huile de poisson sur la mer. On considère que l'Océanite cul-blanc (une espèce marine d'une vingtaine de centimètres de longueur) peut découvrir un banc de minuscules crustacés à une distance variant de 2 à 25 km. Même s'ils évoluent dans l'eau, les odeurs émises par ces animaux seraient facilement décelées par l'oiseau dès leur contact avec l'air.

On croit aussi qu'à l'exemple du Macareux moine, cette espèce réussit à localiser son terrier grâce à l'odeur. Au cours d'une expérience, des océanites à qui on avait bloqué temporairement le nerf olfactif ont été incapables de retrouver leur nid. Les sujets témoins n'avaient pourtant éprouvé aucun problème.

Des indices nous laissent penser que d'autres espèces percevraient nettement les odeurs. Certains indicateurs d'Afrique, qui se nourrissent de cire d'abeilles, ont été maintes fois attirés par les cierges allumés par des missionnaires qui chantaient la messe dans la brousse africaine.

Peu de papilles gustatives

On possède peu d'informations sur le sens du goût et sur son rôle dans la vie des oiseaux.

Le Geai bleu, une espèce familière que l'on retrouve dans tout l'est du continent nord-américain, réagit toujours avec dégoût lorsqu'il capture un papillon monarque pour la première fois. Aussitôt dans le bec, l'insecte est expulsé immédiatement et banni à jamais de son menu.

Plusieurs espèces rejettent les aliments au goût amer comme le font notamment le poulet, le pigeon, la Mésange charbonnière et les cailles. D'autres oiseaux, tels les colibris, vont préférer les substances sucrées alors que certains vont consommer des produits ayant divers degrés d'acidité.

Si on se fie aux chercheurs, les oiseaux sont beaucoup moins doués que les mammifères en ce qui a trait au goût. Par exemple, l'homme possède entre 9000 et 10 000 papilles gustatives; on en compte 17 000 chez le lapin et 1200 chez le rat. Le Canard colvert, lui, dispose d'environ 400 papilles gustatives, soit un peu plus que le hamster, alors que la Caille du Japon en possède une soixantaine, le pigeon, moins de 40 et le poulet domestique, à peine 24.

Les cailles n'ont pas beaucoup de papilles gustatives.

La respiration: efficace même en haute altitude

Comme nous, les oiseaux respirent par les narines et absorbent l'oxygène de l'air par les poumons. Mais leur système respiratoire est assez différent de celui des mammifères.

Le colibri respire 143 fois à la minute, alors que le dindon n'exerce cette fonction que sept fois durant la même période. Chez l'autruche, le rythme est de 6 respirations à la minute comparativement à 12 chez l'homme.

Les besoins en oxygène de l'oiseau sont importants en raison de ses dépenses énergétiques considérables. Les sacs aériens sont propres aux oiseaux et ont une utilité essentielle dans la respiration même s'ils ne contribuent pas aux échanges d'oxygène et de gaz carbonique. Ce travail est réservé aux poumons. Formés d'un mince tissu cellulaire, les sacs aériens, habituellement au nombre de neuf, contribuent aussi à diminuer le poids de l'animal.

Toutes proportions gardées, les poumons des volatiles occupent un espace deux fois plus restreint que les nôtres, en raison de leur grande densité cellulaire.

Alors que les humains expirent toujours une partie importante de l'air fraîchement inspiré, l'oiseau, lui, expulse complètement l'air entré dans les poumons. Non seulement cet air circulera dans un sens unique, mais il faudra deux inspirations et deux expirations complètes pour que le cycle soit accompli. À l'inspiration, l'air frais entre dans des sac aériens puis pénètre dans les poumons à l'expiration. Au cours du même mouvement, l'air vicié est rejeté par les poumons et s'en va dans d'autres sacs pour ensuite être évacué à l'extérieur.

L'organisme absorbe donc le maximum d'oxygène possible. C'est ce qui explique que l'oiseau peut respirer sans problème en haute altitude, où l'oxygène est raréfié.

Les sacs aériens sont dotés de ramifications à l'intérieur des os, des ailes et des pattes. Ils jouent donc un rôle capital dans le stockage temporaire de l'air. Leur disposition dans le corps permet aussi à l'organisme de maintenir son équilibre thermique, notamment durant le vol, une fonction qui serait aussi importante que la respiration elle-même.

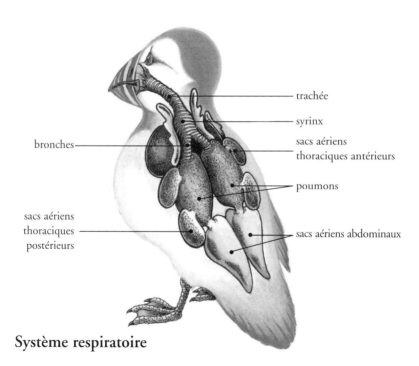

trachée

syrinx

sacs aériens
thoraciques antérieurs

bronches

poumons

sacs aériens
thoraciques
postérieurs

sacs aériens abdominaux

Système respiratoire

L'air qui circule ainsi à travers le corps récupère facilement la chaleur et l'évacue, sans quoi les oiseaux ne pourraient résister à la chaleur intense dégagée lorsqu'ils volent. Un petit passereau émet neuf fois plus de chaleur en vol qu'au repos et chez certains oiseaux, on parle même de 15 fois plus.

Un cœur très puissant

Le muscle cardiaque des oiseaux est beaucoup plus puissant que celui de l'homme parce que les exigences respiratoires sont plus grandes.

L'organe est donc beaucoup plus gros, parfois le double de celui d'un mammifère de taille comparable. Le cœur humain bat normalement 72 fois à la minute, alors que ce rythme atteint en

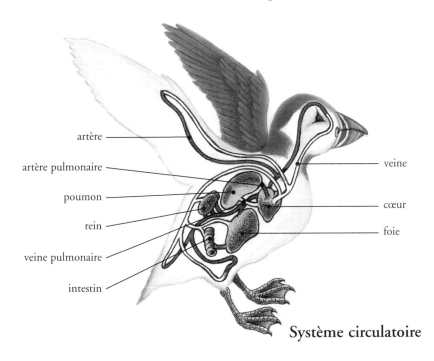

artère

artère pulmonaire

poumon

rein

veine pulmonaire

intestin

veine

cœur

foie

Système circulatoire

moyenne 220 battements chez l'oiseau. Il est de 700 battements dans le cas du Troglodyte familier, de 220 dans celui du Pigeon biset, de 514 chez le canari.

Le cœur des colibris bat en moyenne 615 fois à la minute mais chez les petites espèces, il peut atteindre 1400 battements à la minute aux moments de grande activité. Le cœur du Colibri d'Helen, une espèce cubaine — le plus petit oiseau au monde avec ses deux grammes et ses cinq ou six centimètres de longueur — bat au moins 10 fois plus vite que celui de l'homme. Chez l'autruche, dont le poids peut atteindre 150 kg, on compte seulement 35 battements à la minute.

La pression sanguine est élevée chez les oiseaux étant donné que le muscle cardiaque fonctionne à un rythme accéléré. Des accidents cardiaques peuvent survenir lorsqu'ils sont effrayés ou très excités. Par exemple, une paruline est morte d'un infarctus en pleine parade nuptiale et les dindons trop dodus sont parfois victimes d'accidents cardiaques.

Le halètement

Si les sacs aériens contribuent à contrôler la température interne, le corps de l'animal doit aussi s'ajuster constamment à la température extérieure. Le métabolisme étant élevé, il doit dépenser beaucoup d'énergie pour maintenir l'équilibre de sa température corporelle. Cela pose un problème quand il fait froid ou très chaud. Comme l'oiseau ne possède pas de glandes sudoripares, c'est le système respiratoire qui assume la plus grande partie de la régulation thermique.

Si la température interne de l'homme est de 37 °C, celle des oiseaux se situe habituellement autour de 40 °C. Chez les petites espèces, elle atteint souvent 42 °C mais la nuit, elle descend légèrement, autour de 39 °C.

Le halètement aide les oiseaux à supporter les chaleurs excessives. Ce phénomène est facile à observer chez les volatiles familiers. Je me souviens de cette Hirondelle rustique qui avait installé son nid sur une poutre à l'intérieur d'une grange, à quelques centimètres du toit de tôle brûlant. Durant les jours de canicule, elle restait sur son perchoir de longs moments, le bec ouvert, immobile. La chaleur torride agissait comme un véritable incubateur.

Durant le halètement, l'humidité des poumons est en partie évacuée vers l'extérieur, ce qui nécessite un approvisionnement suffisant en eau. La circulation sanguine dans les pattes est parfois accélérée pour amener une plus grande déperdition de chaleur.

Des espèces comme les hiboux, le Grand héron, le Héron garde-bœuf, les pigeons et les tourterelles ont poussé l'exercice encore plus loin. Ils réussissent à éjecter la peau interne de leur gorge vers l'extérieur pour avoir un contact encore plus direct avec l'air ambiant et une meilleure déperdition de chaleur.

Un phénomène curieux: «l'urohidrosis»

Lors de canicules, des oiseaux ont aussi tendance à maintenir leur plumage «collé» au corps pour que la peau puisse libérer un peu de chaleur qui se diffusera à travers les plumes. Les cormorans, eux, ouvrent leurs ailes pour favoriser le contact des parties nues de la peau avec l'air ambiant. Un exercice que font aussi l'Urubu à tête rouge, les ibis africains ou les marabouts. D'autres se placent le dos au vent de façon à rebrousser leurs plumes et ainsi rafraîchir leur peau.

Les oiseaux deviennent habituellement moins actifs quand la température dépasse les 33 °C et ils recherchent alors un endroit frais pour se reposer. Un bruant vivant dans les étendues semi-désertiques va même jusqu'à se réfugier dans un terrier de blaireau pour être à l'ombre. Les vautours profitent de l'air ascendant pour voler en altitude dans l'air frais.

La situation est encore plus difficile si la température ambiante dépasse celle du corps. Non seulement l'oiseau doit se cacher à l'ombre mais il doit aussi trouver de l'eau en quantité suffisante pour expulser davantage de chaleur par les poumons.

En période torride, certains grands échassiers, comme le Tantale d'Amérique, ou encore de gros oiseaux tels l'Urubu noir et l'Urubu à tête rouge, utilisent une méthode originale pour se rafraîchir: ils excrètent sur leurs pattes une fiente bien juteuse. Cette méthode, appelée «urohidrosis», permet d'abaisser la température des membres inférieurs d'un degré, ce que l'oiseau n'aurait pas réussi à faire simplement en haletant.

Par ailleurs, les hérons éjectent leurs excréments à travers la structure de leur nid imposant. Des chercheurs soutiennent que la vapeur d'eau produite lorsque les fientes sèchent rafraîchirait les échassiers installés à l'étage supérieur du nid. On considère que les oiseaux ne peuvent survivre lorsque leur température corporelle dépasse 45 °C.

Un verglas mortel

On rencontre le phénomène de «l'urohidrosis» chez le Marabout d'Afrique.

L'hiver aussi se révèle une période difficile. Au Québec, les oiseaux de la région de Montréal, par exemple, doivent supporter une température qui peut descendre à -20 °C ou -30 °C en janvier et en février. Les réserves de graisses, accumulées sous la peau au cours de l'automne, ne sont alors pas suffisantes pour survivre.

Le Macareux moine niche au fond d'un terrier qu'il construit lui-même. Oiseau colonial, il localise son nid grâce à son odorat. (page 109)

Photo Yves Aubry

Le Moineau domestique copule parfois durant deux mois avant la ponte. (page 116)
Photo Denis Faucher

La période d'incubation des œufs chez la Mésange bleue varie de 12 à 14 jours.
Ce petit oiseau peut parfois vivre une dizaine d'années. (page 121)
Photo André Desrochers

Le nid de l'Eider à duvet est tapissé d'une fine couche de duvet, qui est recueilli en prenant soin d'en laisser un peu pour les oisillons. (page 121)
Photo Yves Aubry

La Mouette tridactyle niche sur des escarpements de falaise. Le jeune oiseau devra parfois faire un saut de plusieurs dizaines de mètres pour atteindre la mer. (page 125)
Photo Yves Aubry

Si son régime est composé surtout de petits fruits, le Jaseur boréal nourrit ses oisillons d'insectes afin de leur assurer un régime riche en protéines. (page 127)

Photo Denis Faucher

La vie n'est pas toujours rose dans le nid du Harfang des neiges. Parfois, en période de disette, l'aîné avale le cadet de la famille. (page 133)

Photo Yves Aubry

Comme le Coucou gris en Europe, le Vacher à tête brune américain fait élever ses petits par les autres. Au moins 200 espèces d'oiseaux lui servent de parents adoptifs. (page 135)

Photo Denis Faucher

La nuit représente un défi pour l'animal qui doit survivre au froid, surtout lorsque l'obscurité quotidienne persiste durant 14 ou 15 heures. Même si le moineau domestique, par exemple, est revêtu d'un plus grand nombre de plumes en hiver (autour de 3300 au lieu de 3000 durant l'été), il est incapable de résister plus de 15 heures sans manger. Lorsque le thermomètre atteint -30 °C, ce délai tombe à sept heures.

Dans un tel cas, le moineau doit se trouver un endroit bien abrité pour la nuit, sinon il risque de mourir. Et cela se produit régulièrement, surtout chez les oiseaux plus faibles ou ceux qui sont affectés d'une maladie. Au cours d'un hiver, dans les années 1960, plusieurs carcasses de moineaux et d'étourneaux furent découvertes les lendemains de nuits particulièrement froides. On avait alors constaté que tous souffraient de la salmonellose, une maladie bactérienne qui avait réduit leur résistance au froid.

Les grandes tempêtes de neige ou les périodes de verglas peuvent aussi provoquer la mort de nombreux oiseaux qui doivent rester à jeun trop longtemps.

Un moineau qui passe l'hiver dans les régions froides a besoin de trois fois plus d'énergie pour survivre au cours de la journée que celui qui vit sous les tropiques.

La chair de poule

Les espèces qui hivernent au Canada ne sont pas dépourvues de moyens pour lutter contre le froid. On a observé que le Chardonneret jaune, par exemple, accumulait plus de réserves de graisse sous la peau que ses congénères migrateurs.

En temps normal, le métabolisme des oiseaux baisse habituellement durant la nuit, souvent de deux ou trois degrés. Ce ralentissement de l'activité de l'organisme favorise la survie durant l'hiver. Chez certains oiseaux, le phénomène s'accentue lorsque le mercure descend considérablement. Les oiseaux, pour mieux se protéger, s'abritent la tête sous une aile et font en sorte que leurs pattes soient bien emmitouflées dans leurs plumes. Le système circulatoire des canards et des oies est conçu de façon à ce que les pattes aient suffisamment de chaleur pour résister au gel.

Une des premières réactions des oiseaux contre le froid est de dresser les plumes, un réflexe semblable à celui de l'homme quand il a le frisson. L'expression «avoir la chair de poule» est très explicite. En dressant les plumes, l'oiseau immobilise l'air à la surface de la peau pour obtenir une meilleure isolation.

L'animal essaie aussi de se trouver un abri. Certaines mésanges se tiennent dans des conifères très touffus ou dans des cavités naturelles afin de limiter l'impact du vent. Des tétras, des lagopèdes, des Gélinottes huppées, des Sizerins flammés et des Mésanges boréales préfèrent passer la nuit dans la neige. C'est le concept de l'igloo. En Alaska, on a constaté que la température était de -5 °C sous 60 cm de neige alors qu'à l'air libre, le thermomètre indiquait -50 °C.

Les Gélinottes huppées se précipitent du haut des airs dans la neige pour y faire leur abri, en fin de journée. Si la neige est recouverte d'un épais verglas, l'impact est parfois fatal. Il arrive aussi que certaines d'entre elles meurent prisonnières sous la neige quand une importante couche de verglas se forme au cours de la nuit.

Dormir ensemble

Certaines espèces comme le Merle-bleu de l'Est se réunissent dans un abri pour passer la nuit (parfois dans un nichoir artificiel) et mieux lutter contre le froid. Chacun profite ainsi de la chaleur des autres. Une nuit, on a même déjà vu une centaine de Sittelles pygmées, une espèce de l'Ouest canadien et de l'Ouest américain, qui s'étaient réunies dans un même refuge. Elles étaient si entassées que certaines sont mortes asphyxiées.

Une étude menée en Russie aurait démontré que le compagnonnage d'hiver chez les Roitelets huppés permettait, à 0 °C, de réduire les pertes de chaleur de 23 % quand ils passaient la nuit à deux et de 37 % si l'abri réunissait trois oiseaux. Certaines hirondelles vont aussi se blottir les unes contre les autres si la température est trop froide.

Au cours d'une expérience menée en laboratoire avec des Moineaux domestiques, on a observé qu'à une température de -10 °C, 50 % des oiseaux s'étaient réunis en groupe pour dormir, collés les uns aux autres. À peine 10 % d'entre eux avaient adopté le même comportement après qu'on eut élevé la température à 0 °C.

Les lagopèdes couchent souvent sous la neige.

Un engoulevent hiberne

D'autres espèces alimentent leur fournaise énergétique durant une partie de la nuit en emmagasinant de la nourriture en fin de journée. Les Gros-becs errants accumulent des graines dans leur jabot. Pour sa part, le Sizerin flammé, souvent considéré comme le petit passereau le plus résistant au froid, profite d'une certaine élasticité de son œsophage pour y stocker de la nourriture en vue de passer la nuit.

Une espèce se distingue dans sa lutte contre le froid: l'Engoulevent de Nuttall serait, en effet, le seul oiseau à hiberner. Cet insectivore qui pèse environ 60 g en dépit de ses 20 cm de longueur, voit sa température corporelle baisser à 5 ou 6 °C durant deux à trois mois lorsqu'il est dans ses quartiers d'hiver, dans le sud du Texas et dans le nord du Mexique. Il peut s'enfuir brusquement s'il est dérangé mais il lui faudra quelques heures avant que la température corporelle ne redevienne normale.

Vie de couple:
des fréquentations tumultueuses

La vie «amoureuse» des oiseaux est plutôt tumultueuse. Cris, poursuites, intimidations, tours de chants, chorégraphies, acrobaties aériennes et même des petits repas en tête-à-tête: les facettes de la séduction sont innombrables.

Dès qu'il a fixé son choix sur un territoire, le mâle s'installe sur un perchoir et se met à chanter pour faire savoir aux autres qu'il est le nouveau propriétaire. Ceux qui en doutent sont poursuivis. S'ils résistent, c'est la prise de bec, l'affrontement.

Dans ces circonstances, il arrive que des moineaux en viennent à de véritables empoignades. Bien que farouches, ils livrent souvent leur combat au sol, accrochés l'un à l'autre, sans se soucier de la présence des humains. La lutte dure un bon moment avant que les mâles ne réalisent leur imprudence et prennent la fuite.

Il est rare que la bataille aille plus loin que de simples coups de becs mais cela peut se produire et des cas de mortalité surviennent parfois. Le mâle réussit habituellement à éloigner son adversaire par son chant ou à la suite d'une brève poursuite.

Plusieurs observateurs d'oiseaux ont déjà remarqué le comportement belliqueux d'un mâle qui tentait de s'en prendre à son image reflétée dans une vitre ou dans un miroir.

Au printemps, on a vu un Bruant à gorge blanche passer de longs moments à lutter désespérément contre l'adversaire imaginaire

que représentait sa propre image dans la vitre d'une voiture station-
née sur un chemin forestier. Le Cardinal rouge, une espèce très ter-
ritoriale, fait la même chose en apercevant son reflet dans une
fenêtre.

En Estrie, au sud de Montréal, le propriétaire d'un chalet dont
les fenêtres de la cave étaient au niveau du sol, avait constaté que ses
moustiquaires avaient été déchirées par une corneille. Celle-ci tentait d'attaquer son reflet dans la vitre à coups de bec.

Danses amérindiennes

Dans le but de délimiter leur territoire et d'attirer des femelles,
les pics vont parfois frapper bruyamment un tronc d'arbre creux, le
mur de bois d'une maison ou encore un toit de tôle. La Gélinotte
huppée, elle, exécute un mouvement de tambourinage en repliant
brusquement les ailes vers sa poitrine de façon saccadée. Le bruit
provoqué par le déplacement d'air peut s'entendre facilement à un
kilomètre de distance au printemps. En plus de ces appels sonores,
les mâles mettent leurs coloris en évidence.

D'autres espèces comme les plongeons, les cygnes et certains
grèbes effectuent des danses folles sur l'eau avec une femelle ou
encore ils exécutent des ballets aériens, comme le font les corbeaux et plusieurs rapaces. Inlassablement, la bécassine s'élève
dans le ciel pour se laisser tomber de plusieurs mètres en émettant
un bruit particulier produit par le passage de l'air entre ses
plumes.

La bécasse, elle, lance des cris nasillards, puis s'élance dans le ciel
et amorce une descente en vrille tout en émettant un sifflement
inusité. D'autres, comme le dindon ou le paon, paradent devant
leurs belles en dressant leurs magnifiques plumes.

Chez plusieurs grands échassiers comme les grues, les mouvements de danse sont complexes et spectaculaires. À tel point que les

Amérindiens, les aborigènes australiens et plusieurs tribus africaines ont reproduit dans leurs danses traditionnelles le comportement nuptial des grues vivant sur leur territoire.

En Amérique du Nord, des gallinacés, tels le Tétras à queue fine et le Tétras des prairies (ou leurs cousins européens, les Grands Tétras et le Tétras lyre) se livrent à un rituel dans une arène bien circonscrite, devant les femelles qui assistent dis-

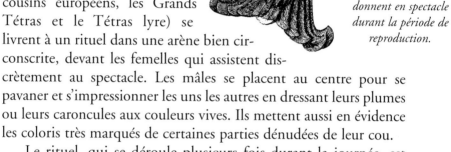

Les Tétras lyres se donnent en spectacle durant la période de reproduction.

crètement au spectacle. Les mâles se placent au centre pour se pavaner et s'impressionner les uns les autres en dressant leurs plumes ou leurs caroncules aux couleurs vives. Ils mettent aussi en évidence les coloris très marqués de certaines parties dénudées de leur cou.

Le rituel, qui se déroule plusieurs fois durant la journée, est entrecoupé de numéros de danse. Les mâles plus dominateurs occupent souvent le centre de l'arène. Le moment venu, une femelle s'y présente pour s'accoupler avec l'un d'eux. La femelle pondra quelques semaines plus tard et s'occupera de la petite famille.

Le Combattant varié, un oiseau limicole de taille moyenne paré de spendides couleurs au printemps, s'adonne au même rituel.

Repas en tête-à-tête

D'autres oiseaux préfèrent des échanges plus intimes. Les pigeons, les tourterelles, le Cardinal rouge, les corneilles, le Sizerin flammé et le Goéland argenté, entre autres, lancent une invitation à dîner à la femelle courtisée.

Certaines n'hésitent pas à répondre en bougeant frénétiquement les ailes, un peu comme le font les oisillons pour stimuler leurs parents à les nourrir.

Dans certains cas, le mâle présente à la femelle convoitée un insecte, un poisson ou une proie quelconque. Au cours d'une expérience menée en Europe, on a vu un Râle des genêts tenter de s'accoupler une vingtaine de fois avec un leurre, une femelle artificielle, qu'avaient placée des chercheurs sur son territoire. Voyant que la belle restait impassible devant ses avances, l'oiseau captura une chenille bien dodue pour tenter de la séduire.

Au lieu de la nourriture, d'autres offrent une brindille. L'Étourneau sansonnet donne même une fleur à l'occasion.

Le Goéland argenté est plus raffiné; il s'assure que le mets présenté ne cause pas de problème de digestion chez l'élue de son cœur. Il prend soin d'avaler les aliments et de les régurgiter devant la femelle qui s'empresse de savourer ce repas prédigéré.

Échanges de couples

La polygamie serait présente chez 3 % des espèces d'oiseaux et certaines s'adonnent même à des «échanges de couples».

C'est le cas des ratites, comme les autruches, les émeus et les nandous, de l'Accenteur mouchet, un petit passereau répandu en Europe, ou des tinamous, des oiseaux que l'on retrouve du Mexique au Chili et qui rappellent la pintade.

Les femelles de ces espèces se reproduisent avec plusieurs mâles et vice versa. Chaque nid contient les œufs de plusieurs femelles. Dans le cas des nandous d'Amérique du Sud, c'est le mâle qui assume seul l'incubation.

En Afrique, quatre ou cinq autruches femelles peuvent pondre une cinquantaine d'œufs au même endroit. La femelle dominante en enlève un certain nombre pour les rouler dans une dépression tout près où ils seront abandonnés. Elle peut alors couver la trentaine d'œufs qui restent mais en prenant soin de placer les siens, 8 ou 10, au centre du nid. Les éventuels prédateurs chiperont d'abord les œufs des autres femelles. Le mâle, lui, couve la nuit.

Chez les oiseaux «monogames», la stabilité du couple est plus grande qu'on pourrait l'imaginer. Même si le mâle et la femelle passent l'hiver à des endroits différents, parfois à des centaines de kilomètres l'un de l'autre, plusieurs couples se retrouvent sur le territoire de reproduction au printemps et élèvent à nouveau une famille ensemble.

S'ils se retrouvent fidèlement après une longue séparation, les couples ne demeurent généralement ensemble qu'une courte période. La majorité des espèces assument leur rôle parental jusqu'à la dispersion des petits, à la fin de la saison de la reproduction, et même plus longtemps.

Les couples de Grimpereaux bruns et de Mésanges à tête noire vivent ensemble toute l'année et se reproduiraient avec le même partenaire durant toute leur existence.

Par contre, chez les tétras, le seul contact de la femelle avec le mâle a lieu lors de l'accouplement. Dans le cas de plusieurs canards, même si la relation débute souvent sur le territoire d'hivernage, le mâle quitte, malgré tout, la femelle après la copulation.

Le taux de séparation

Chercheur à l'Université Laval, à Québec, le scientifique québécois André Desrochers a étudié le Merle noir durant plusieurs années à l'Université de Cambridge, en Angleterre. Chez plusieurs espèces, dit-il, le mâle se reproduira avec la même femelle tant que les deux oiseaux survivront.

Dans le cas du Merle noir, les recherches de M. Desrochers effectuées sur des centaines de sujets ont démontré que le mâle se reproduisait avec la même femelle dans 70 % des cas la deuxième année.

La durée du couple est rarement longue étant donné le taux de mortalité très élevé. On estime, par ailleurs, que le taux de «divorce» est en étroite relation avec les difficultés éprouvées à la reproduction. Il semble que plus la nichée est importante, plus la stabilité du couple est grande. Ces conclusions valent aussi pour d'autres espèces.

Par exemple, 50 % des Bruants indigos reforment les mêmes couples à chaque année et cette proportion atteindrait 90 % chez les corvidés. Le phénomène est moins important chez d'autres espèces. Le taux de séparation atteint 68 % chez le Faucon émerillon, alors qu'il varie de 38 à 54 % chez l'Épervier d'Europe.

Il est difficile de déterminer scientifiquement si des couples réussissent à passer toute leur vie ensemble. On sait, par contre, que plusieurs espèces (oies, grues, manchots, corbeaux, corneilles et flamants) ont une relation très durable. Un couple de bernaches du Canada, par exemple, aurait vécu ensemble durant 42 ans.

Le taux de séparation chez les couples de Faucons émerillons atteint 68 %.

Loger la famille

La période nuptiale terminée, il faut penser à loger la future famille. Plusieurs oiseaux démontrent des talents remarquables d'architectes, d'ingénieurs et de constructeurs.

D'autres déploient moins d'efforts et pondent dans des nids rudimentaires. L'Urubu à tête rouge se contente, par exemple, de déposer son œuf par terre, dans une crevasse ou un endroit extrêmement discret. Cet endroit peut parfois être repéré en raison de l'odeur épouvantable qui s'en dégage.

Les engoulevents déposent aussi leurs œufs sur le sol, sans autres formalités, alors que d'autres pondent sur le roc nu ou dans une légère dépression.

Le nid de bon nombre d'oiseaux de rivage consiste simplement en un petit amas de cailloux. Les grèbes pondent sur un tas de débris végétaux flottants.

Chez les pigeons et les tourterelles, la structure du nid, faite de petites branches, est souvent lâche et bien fragile.

Une foule de passereaux ont adopté le modèle standard hémisphérique qui ressemble à un bol. Le tissage des matériaux végétaux du nid du Chardonneret jaune est à ce point serré qu'il est souvent imperméable. On a même vu des petits s'y noyer au cours d'une pluie abondante, alors que les parents étaient absents.

Les matériaux utilisés pour la confection du nid sont souvent hétéroclites. Les hirondelles vont se servir de boue pour faire la structure de base. On a calculé qu'une Hirondelle rustique avait accompli 1200 déplacements pour compléter ses travaux de construction.

Le nid des Moineaux domestiques comprend souvent des morceaux de chiffons, de la ficelle, du plastique et des bouts de papier. D'autres utilisent aussi des cheveux ou des poils d'animaux.

Le nid est souvent tapissé de fin duvet et de plumes. Le Roitelet huppé utilise parfois 2000 plumes pour réaliser son œuvre. J'ai déjà vu la photo d'un nid construit par un Merle d'Amérique audacieux, qui était entièrement fait de clous de neuf centimètres de longueur. Le fond de la coupole était heureusement couvert de plumes et contenait quatre œufs.

Des canards dans les arbres

Les pics creusent dans un arbre un trou qui pourra aussi servir à d'autres oiseaux lors des saisons de nidification qui suivront. Le Grand Pic, une espèce nord-américaine qui mesure 30 cm de longueur, creuse des trous adaptés à sa taille. L'entrée de la cavité atteint souvent 15, 20 et même 30 cm, si bien que des canards peuvent y loger une fois que le propriétaire a abandonné les lieux.

En dépit de leurs mœurs aquatiques, plusieurs canards nichent, en effet, dans les arbres. En Amérique du Nord, le plus connu du groupe et le plus coloré porte justement le nom de Canard branchu. D'autres, le Petit Garrot, le Garrot à œil d'or, le Garrot

Le Guêpier d'Europe niche dans un terrier.

d'Islande ainsi que plusieurs harles, dont le Grand harle, adoptent aussi des cavités dans les arbres.

Pour leur part, le Macareux moine, l'Océanite cul-blanc, le Guêpier d'Europe et plusieurs autres s'installent dans un terrier. Le Martin-pêcheur d'Amérique met environ trois semaines pour creuser sa galerie d'une longueur d'un à deux mètres.

Certains nids sont de véritables œuvres d'art. L'Oriole du nord, le Loriot d'Europe et quelques mésanges européennes construisent un nid suspendu, tissé en forme de sac, qui est digne de mention.

Les caciques, des espèces coloniales qui nichent en Amérique centrale et en Amérique du Sud, construisent des nids similaires mais d'une longueur d'un mètre. Dès que l'adulte s'y installe, l'entrée se referme en raison du poids exercé au fond de la poche.

Le nid du Fournier roux, un oiseau sud-américain, est étonnant. Il s'agit d'une petite hutte en terre, souvent installée sur un piquet de clôture ou sur un poteau électrique. Certaines sont ouvertes sur le devant, un peu comme de petites maisons. On a parfois l'impression qu'il s'agit d'un nichoir artificiel.

La Cigogne blanche et le Pygargue à tête blanche construisent des nids pouvant atteindre un et même deux mètres d'épaisseur. Des moineaux et des étourneaux profitent à l'occasion de cette demeure de luxe pour s'installer dans l'amas de branches. On cite le cas d'un nid de Pygargue à tête blanche, pesant environ deux tonnes, qui s'était finalement effondré au cours d'un orage, après 30 ans d'usage.

Le grand prix d'architecture devrait être attribué au Républicain social (un nom évocateur), une espèce du sud de l'Afrique semblable au moineau. Cet oiseau construit d'immenses nids collectifs ressemblant à de grosses masses de foin accrochées aux arbres. On y trouve une centaine de chambres séparées où nichent autant de couples. Malgré le nombre élevé d'appartements, la ventilation est excellente.

Les faux nids

Si les oiseaux construisent habituellement un nid par année, parfois deux ou trois selon le nombre de nichées, les troglodytes détiennent le record. Ce sont d'infatigables bâtisseurs qui peuvent fabriquer jusqu'à sept nids en même temps. Dans bien des cas, un seul servira pourtant à élever la famille.

La construction de «faux» nids a toujours intrigué les ornithologues. Une hypothèse veut que les femelles aient tendance à s'accoupler avec les mâles qui sont les plus ardents constructeurs.

Professeur associé à l'Université de Montréal, l'ornithologiste Henri Ouellet estime que la présence de plusieurs nids permet aussi de confondre les prédateurs. Ceux-ci ne savent alors plus où donner de la tête. Cette méthode permettrait aux troglodytes, qui sont surtout concentrés en Amérique tropicale, de réduire la prédation des serpents. Si le reptile ne trouve rien à manger dans ces nombreux nids, il aura tendance à abandonner la partie. Car, dans le monde animal, les efforts pour trouver de la nourriture doivent produire des résultats rapides et satisfaisants.

La construction du nid se déroule en quelques jours, si on fait exception des grands travaux

Le nid de la Cigogne blanche atteint un volume considérable.

comme ceux de l'Aigle royal, qui durent jusqu'à deux mois. Mais la plupart de ces grands oiseaux se contentent souvent d'améliorer la structure de l'année précédente.

Un merle prend de 6 à 20 jours pour construire le logement de sa famille, mais on a déjà vu un Moqueur polyglotte, manifestement pressé, terminer le sien en une seule journée.

Les pics, eux, peuvent creuser une dizaine de jours dans le tronc d'un arbre avant de considérer la cavité assez spacieuse. Certains, plus difficiles, prendront jusqu'à un mois avant de creuser leur lieu de nidification. L'Oriole du Nord tisse son nid en 5, 10 ou 15 jours et les caciques mettent de trois à quatre semaines pour réaliser leurs poches suspendues.

Le Chardonneret jaune, qui niche habituellement en juillet, construit son nid en une douzaine de jours. Si la construction a été retardée et qu'il doive se mettre à l'œuvre seulement à la mi-août, il prend alors la moitié moins de temps.

Nicher en plein hiver

La construction du nid a habituellement lieu au printemps, même s'il existe des nicheurs tardifs comme le Chardonneret jaune. Dans le sud, plusieurs espèces élèvent plus d'une famille au cours de l'été. La Tourterelle triste, l'oiseau le plus chassé en Amérique du Nord, peut nicher jusqu'à cinq fois dans le sud des États-Unis. La dernière couvée a forcément lieu à la fin de l'été.

Dans les pays nordiques, les contraintes climatiques obligent les couples à procéder rapidement, dès que le temps est clément. Certains n'attendent toutefois pas la belle saison pour se mettre à la tâche. Ce sont les «niche-tôt».

Le Grand-duc d'Amérique niche en plein hiver. Il s'installe souvent dans un vieux nid de corneille et dans le nord, notamment au Québec, il commence à pondre dès février, parfois même en janvier, au moment où la température atteint souvent -20 °C et -25 °C. L'incubation dure environ 35 jours. Heureusement, les oisillons possèdent un bon manteau de duvet qui leur permet de survivre au froid. Le Mésangeai du Canada, un oiseau peu farouche qui vit dans la forêt boréale, niche en mars, à une époque où le thermomètre descend souvent à -15 °C.

Le Bec-croisé des sapins et le Bec-croisé bifascié ont un bec très spécialisé, comme leurs noms l'indiquent. Ils vivent une grande partie de l'année en mangeant des graines qu'ils extirpent des cônes de conifères. Ils sont amenés à se déplacer sur de grandes distances lorsque la nourriture est peu abondante dans une région donnée. On pense qu'ils ont adapté leur période de nidification aux besoins en nourriture: en Amérique du Nord, ces oiseaux se reproduisent de janvier à avril.

En Europe, où les espèces de becs-croisés sont encore plus nombreuses, on constate certaines tendances de nidification selon l'habitat. Dans les forêts de mélèzes, les oiseaux couvent de la fin de l'été jusqu'au début de l'automne. Dans les grandes pinèdes, cette activité a lieu au printemps, tandis que dans les forêts d'épinettes, elle se produit à l'automne jusqu'au début de l'hiver. Dans une forêt mixte de conifères, la reproduction peut s'étaler sur une période de 10 mois.

Le Pigeon biset peut élever deux ou trois couvées à différentes périodes de l'année, y compris durant l'hiver. Il y a quelques années, tout près de Montréal, on a découvert un poussin à demi nu qui était tombé d'un auvent replié qu'on avait dû déplacer. Cela se passait à la fin de janvier et le thermomètre indiquait -15 °C.

L'œuf: une opération de 24 heures

Plusieurs passereaux retardent la ponte de quelques jours si le temps est mauvais, parfois même durant une semaine dans le cas de l'hirondelle bicolore. De la formation de l'œuf à sa ponte dans le nid, il s'écoule environ 24 heures; mais le processus peut aussi s'étaler sur quelques jours.

L'œuf commence son existence sous forme d'un ovule produit par l'ovaire gauche, le seul fonctionnel chez les volatiles. Nombreux, de dimensions différentes selon leur stade de maturité, ces ovules jaunes sont libérés un à un dans l'oviducte de l'animal.

La ponte, quant à elle, ne prend habituellement que quelques minutes. Chez le dindon, ce moment crucial peut toutefois s'échelonner sur plus de deux heures. D'autres espèces, des parasites comme les coucous ou les vachers nord-américains qui font élever leurs petits par les autres, pondent très rapidement, parfois en quelques secondes. Il n'est évidemment pas question de s'éterniser longtemps dans le nid d'autrui. Ils doivent profiter de la brève absence de la future mère adoptive pour s'exécuter.

Des œufs sans coquille

Après avoir atteint sa maturité, l'ovule est libéré dans l'infundibilum, une chambre où il séjournera environ une vingtaine de minutes pour y être entouré d'albumen. Il entreprendra alors sa lente progression dans le circuit de l'oviducte où l'albumen sera à son tour entouré de membranes. Le trajet se poursuivra dans l'utérus où se formera la coquille, composée presque entièrement de carbonate de calcium. Une fois le processus terminé, l'œuf est expulsé par des contractions musculaires avant qu'un nouvel ovule ne soit formé.

Comme chez les mammifères, le calcium est un élément essentiel à la diète des oiseaux, particulièrement à l'époque de la reproduction. Ils peuvent en trouver dans l'eau, dans la pierre qui sert

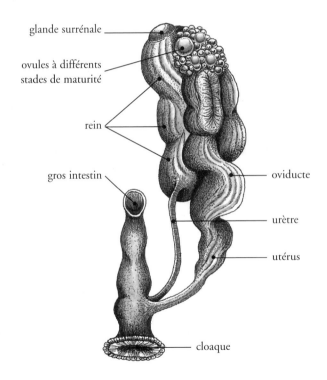

glande surrénale

ovules à différents stades de maturité

rein

gros intestin

oviducte

urètre

utérus

cloaque

Système reproducteur

d'abrasif dans le gésier, dans le corps des animaux, dans les plantes, ou encore dans les coquilles des mollusques ou des œufs.

Même si le régime alimentaire était complètement dépourvu de calcium durant la saison de la ponte, les réserves accumulées dans les os seraient probablement suffisantes pour produire la quantité d'œufs nécessaires pour une couvée. Le calcium est entreposé dans la moelle et environ le quart de ce qui est disponible est utilisé pour la ponte. Chez la poule domestique, cette quantité est suffisante pour envelopper une demi-douzaine d'œufs.

Un œuf pondu sans coquille rigide n'est pas toujours le résultat d'une carence en calcium. Un problème hormonal peut en être la cause mais il arrive aussi que les contractions de l'oviducte soient trop rapides et trop violentes pour que le calcium ait le temps de se déposer autour de l'ovule.

On sait, par ailleurs, que la présence de certains pesticides dans la diète des oiseaux, comme le DDT, contribue à modifier la composition chimique de l'œuf et à affecter sa solidité. Les œufs contaminés se brisent alors sous le poids des parents.

Dans les années 1960, en Amérique du Nord, la population de Pélicans bruns et de Faucons pèlerins a connu une chute dramatique. Des recherches ont permis de découvrir que ces oiseaux avaient mangé, durant de longues périodes, des proies dont la chair contenait des résidus de DDT. Les gouvernements américains et canadiens ont réagi en interdisant l'utilisation de ce produit toxique. Les populations affectées ont commencé depuis à se rétablir.

Une copulation qui dure quelques secondes

Lorsqu'il est prêt à se reproduire, le mâle se place sur la femelle et presse son cloaque (l'orifice génital et intestinal) contre le sien. Il maintient sa position précaire en s'agrippant à une touffe de plumes du cou ou de la tête de sa partenaire.

La copulation a lieu à différents endroits, selon les espèces: dans l'eau, sur le sol, au nid, sur un perchoir, et parfois même en plein vol comme le font les martinets.

Si elle est parfois entourée d'un long cérémonial, la copulation dure à peine quelques secondes. Il y a bien sûr des exceptions. Le Phragmite aquatique, un petit oiseau européen de la famille des fauvettes, met beaucoup plus de temps et d'énergie à accomplir l'acte sexuel. Il reste corps à corps avec la femelle durant une vingtaine de minutes d'affilée, éjaculant à maintes reprises.

Les oiseaux ne sont habituellement pas dotés de pénis mais certaines espèces comme les autruches et autres ratites, les canards ou les gallinacés en possèdent un petit.

Les oiseaux s'accouplent à maintes occasions, avant et pendant la période de ponte. Le moineau copulera durant deux mois avant la ponte. Le Canard noir, une espèce qui niche habituellement dans les forêts boréales de l'est du Canada, copule souvent dès le mois de décembre, bien qu'il n'y ait pas d'échange de sperme, les organes sexuels atteignant leur maturité vers le mois d'avril.

Une fois l'éjaculation accomplie, les spermatozoïdes commencent leur longue nage le long de l'oviducte pour aller à la rencontre des ovules. Ils pourront accomplir leur périple en une trentaine de minutes mais la fertilisation nécessitera un peu plus de temps. Les spermatozoïdes sont parfois viables durant quelques semaines, si bien que la plupart des oiseaux peuvent produire des œufs fertiles un certain temps après la ponte du premier œuf. Certains possèdent même une réserve de spermatozoïdes qui pourra être utilisée plus de deux mois après la copulation.

Habituellement, la ponte d'un œuf fertile survient peu de temps après la copulation, environ trois jours plus tard et en moins de 24 heures chez la poule domestique. Il aura fallu une foule de spermatozoïdes pour en arriver à fertiliser ces ovules. La semence du coq, par exemple, en contient plus de trois milliards.

Un œuf de moins d'un gramme

Plusieurs espèces pondent le même nombre d'œufs fécondés à chaque couvée, alors que ce n'est pas le cas pour d'autres. Une couvée peut compter de 1 à 23 œufs. Plusieurs oiseaux ont plus d'une nichée par année.

Dans des circonstances particulières, les œufs peuvent être extrêmement nombreux. On cite souvent cette expérience survenue à la fin du siècle dernier avec un Pic flamboyant, une espèce très commune aux États-Unis et au Canada. Dès que son œuf était déposé dans son nid, on le subtilisait, avec pour résultat que l'oiseau a pondu 71 œufs en presque autant de jours.

Le chercheur québécois André Desrochers raconte qu'en Angleterre, une femelle du Merle noir a tenté de couver huit fois au cours d'un été, soit une trentaine d'œufs, parce qu'un écureuil festoyait à ses dépens. Un colvert femelle qui a pondu une douzaine d'œufs se remettra elle aussi à la tâche si sa couvée a été détruite avant l'éclosion.

Le nombre d'œufs varie selon l'état de santé de la femelle, la quantité de nourriture disponible et les conditions climatiques. Sélectionnées pour leur performance, certaines poules domestiques produisent en moyenne 274 œufs par année.

Le processus de formation des œufs est très exigeant au point de vue énergétique. Par exemple, l'œuf du minuscule troglodyte représente plus de 13 % de son poids. Chez l'autruche, l'œuf pèse moins de 2 % du poids de l'animal mais il atteint la proportion incroyable

Un Pic flamboyant a déjà pondu 71 œufs durant un été.

de 23 % chez les kiwis de la Nouvelle-Zélande. Le Kiwi austral, lui, pond deux et parfois trois œufs durant l'année (à quatre semaines d'intervalle), qui représentent chacun le quart du poids de la femelle. Cet œuf pèse environ 500 g alors que le plus petit de la gent ailée, celui du colibri, est d'à peine 0,2 g.

La régulation des naissances

La production des œufs peut être affectée par les conditions climatiques et l'abondance de nourriture. Par exemple, l'Oie des neiges doit compter sur les réserves énergétiques emmagasinées avant son départ du sud pour se rendre dans l'Arctique et pondre ses quatre ou cinq œufs.

En 1992, la population d'Oies des neiges de l'est américain qui transite dans le Saint-Laurent, au Québec, n'a pu nicher à cause des conditions climatiques difficiles qui régnaient dans le nord de la Terre de Baffin. Lors de son arrivée à la fin de mai, l'hiver n'était pas encore terminé et à la mi-juin, il y avait encore de la neige et de la glace sur une grande partie du territoire. Les oies n'ont pas fait de nids et même si elles avaient attendu des conditions propices, les jeunes n'auraient pas été suffisamment développés pour s'envoler vers le sud avant les premiers gels, vers le 20 août.

La disponibilité de la nourriture est aussi d'une importance capitale. Le nombre d'œufs pondus par le Harfang des neiges est souvent en relation directe avec l'importance de la population de rongeurs (des lemmings) sur son territoire. Lors de grandes disettes, il s'abstiendra d'élever une famille.

Les kiwis pondent des œufs qui représentent le quart de leur poids.

Plusieurs petits oiseaux chanteurs élèvent plus d'une nichée par année, souvent deux comme l'Hirondelle rustique, l'Étourneau sansonnet, le Rouge-gorge, le Merle noir ou le Merle d'Amérique. En général, la seconde couvée est moins nombreuse et le taux de survie des petits plus faible.

À travers le monde, il semble que le nombre de couvées par année ne dépasse pas six, du moins en pleine nature. Il y a cependant une exception: le Diamant mandarin, un petit passereau vivant dans les étendues semi-désertiques de l'Australie, peut élever jusqu'à 21 nichées par année.

Pondre pendant 48 ans

À quel âge les oiseaux se mettent-ils à pondre? Plusieurs se reproduisent durant l'année de leur naissance. Le Moineau domestique, lui, peut pondre huit semaines à peine après avoir vu le jour. Par contre, les grands rapaces et les goélands doivent attendre quelques années avant d'élever une famille. L'Albatros hurleur doit être encore plus patient. Il ne peut se reproduire avant sept ans et parfois même neuf ans.

En biologie, la règle est la suivante: plus un animal est petit, moins il vit longtemps, plus il se reproduit souvent et plus il a de rejetons pour assurer la survie de l'espèce.

L'Albatros hurleur ne peut se reproduire avant l'âge de sept ans.

Les oiseaux vivent généralement peu longtemps, mais plusieurs spécimens élevés en captivité atteignent un âge fort avancé et certains ont même accompli des exploits dans le domaine de la reproduction. L'histoire de deux Grands-ducs d'Europe, élevés à la fin du siècle dernier, en Angleterre, est bien connue dans le milieu de l'ornithologie. Le mâle et la femelle s'adonnaient encore à leurs ébats sexuels à l'âge respectif de 53 et 68 ans. La femelle avait pondu durant 32 ans et s'était occupée de 93 rejetons.

Un Goéland argenté en captivité s'est reproduit durant 42 ans alors que ce record est de 32 ans chez une Bernache du Canada. On note aussi le cas inusité d'un Pigeon biset qui pondait encore à l'âge vénérable de 30 ans, alors que la longévité de l'oiseau en milieu naturel est d'environ huit ans. En Nouvelle-Zélande, un Albatros royal a donné des œufs durant 48 ans, non pas en captivité mais dans son milieu naturel.

Un œuf par jour

Les oiseaux ne peuvent pondre qu'un seul œuf par période de 24 heures et cette fréquence est la règle chez une foule d'espèces, notamment les oiseaux chanteurs, les canards, les oiseaux de rivages et les pics.

Le délai de ponte est d'environ deux jours, parfois un peu moins chez plusieurs rapaces, les grands échassiers et les colibris. Il est habituellement de trois jours chez les émeus d'Australie et les pingouins. L'Aigle criard, lui, pond un œuf tous les cinq jours. Le Mégapode australien produit un œuf tous les huit jours. Ce gros oiseau pond dans un tas de compost qui lui sert d'incubateur.

La plupart des oiseaux commencent à couver leurs œufs seulement quand la ponte est complète, si bien que l'éclosion se produit simultanément. Mais certains, comme les hiboux, notamment le Harfang des neiges, vont commencer à couver dès la ponte du premier œuf. Une situation qui provoque des conflits chez les rejetons lorsque la différence d'âge est trop grande.

La durée de l'incubation varie d'une espèce à l'autre. Là encore, la période de couvaison sera plutôt brève chez les petites espèces alors qu'elle sera plus longue chez les autres. L'incubation la plus courte est d'une douzaine de jours mais elle atteint 12 semaines chez l'Albatros royal.

La couvaison dure de 12 à 14 jours chez un grand nombre d'oiseaux dont le Moineau domestique, la Mésange bleue, plusieurs pics et le Merle d'Amérique; de 13 à 15 jours chez le Merle noir; de 17 à 19 jours chez le Pigeon bizet; de 25 à 27 jours chez le Goéland argenté, de 26 à 30 jours chez le Canard colvert, 35 jours pour le Pygargue à tête blanche et de 43 à 45 jours pour l'Aigle royal.

Une plaque incubatrice

La femelle reste habituellement au nid, tandis que papa surveille les lieux et assure parfois l'approvisionnement en nourriture. Mais il arrive que les rôles soient inversés comme chez les phalaropes.

Bien qu'elle soit une activité passive, la couvaison exige une grande quantité d'énergie de la part des parents. Mais la nature fait bien les choses. Chez une foule d'espèces, notamment celles dont les petits sont nidicoles (les oisillons sont élevés et grandissent au nid avant de prendre leur envol), l'oiseau qui couve est doté d'une plaque incubatrice qui permet un meilleur contact entre la peau et les œufs. Située sur la poitrine, cette plaque apparaît au début de la couvaison à la suite de la chute des plumes: elle régresse une fois l'éclosion terminée. Le transfert de chaleur du corps des parents vers les œufs est assuré par une multitude de vaisseaux sanguins, ce qui exige beaucoup de ressources énergétiques. On estime que la couvaison exige de l'oiseau de 16 à 25 % de toute l'énergie qui lui est nécessaire chaque jour.

À défaut de plaque incubatrice, d'autres espèces utilisent des méthodes ingénieuses pour réchauffer plus efficacement leur future progéniture. Les canards et les oies tapissent leurs nids d'un duvet très isolant (le duvet d'eider est justement cueilli dans ces nids). Certains déposent leur œuf sur leurs pattes pour le couver alors que les manchots l'insèrent dans un repli de leur peau.

Des poussins avec des dents

Au fur et à mesure que la période d'incubation avance, l'embryon se développe, provoquant une modification complète de la structure de l'œuf. Dotée de nombreux pores (plus de 7000 pour l'œuf de la poule), la coquille permet le passage de la vapeur d'eau, des gaz respiratoires et même de microorganismes. L'œuf perd alors progressivement son eau et la coquille devient plus mince, le calcium servant à constituer le squelette du poussin. Son poids diminue considérablement durant l'incubation, jusqu'à 20 %.

Peu de temps avant l'éclosion, l'oiseau perce la membrane qui donne accès à une chambre à air située à l'extrémité du gros bout de l'œuf: la respiration aérienne débute. L'oisillon se manifeste en criant (on peut facilement l'entendre) et il est sensible à ce qui se passe dans le milieu extérieur. Il réagit aux cris de l'adulte.

Grâce aux muscles puissants de son cou, il exerce une pression sur la coquille en se reposant de temps à autre. Cet effort lui demande beaucoup d'énergie. L'oisillon se sert alors d'une aspérité qui s'est développée à l'extrémité de la mandibule supérieure de son bec (la dent de l'œuf, ou diamant, comme on appelle cette formation particulière) pour cisailler la coquille et finalement s'en libérer. La «dent» tombe après l'éclosion.

Chez les oiseaux nidifuges (les canards, les oies ou les poules, par exemple), l'éclosion de toute la couvée se produit presque simultanément. Peu de temps après, les membres de la petite famille peuvent tous quitter le nid car les oisillons sont complètement formés à la naissance. Ils sont recouverts d'un chaud duvet et sont en mesure de se nourrir seuls.

L'éclosion prend habituellement plusieurs heures. Dans le cas du Troglodyte mignon, la libération est plus longue et dure deux jours. Le Puffin fuligineux, un oiseau de mer, prend quatre jours pour sortir de sa coquille. Chez les espèces nidicoles, les parents, dès l'éclosion, mangent les coquilles vides ou s'en débarrassent pour ne pas attirer d'éventuels prédateurs: il a été démontré qu'un nid dans lequel on laisse des coquilles les attire davantage.

Certains oisillons font savoir rapidement qu'ils ont faim mais chez certaines espèces, il s'écoule quelques heures avant que l'estomac ne crie famine; un répit dont profitent les parents. Car un véritable esclavage commence pour eux: nourrir les petits.

Les petits du Canard pilet sont nidifuges.

La famille: des oisillons insatiables

Les «premiers pas» des oiseaux nidifuges constituent un exercice périlleux.

Avant d'affronter le monde extérieur, les canards qui nichent dans les arbres effectuent un véritable saut acrobatique en se jetant en bas du nid dont la hauteur atteint parfois plus de 17 mètres. C'est le cas du Canard branchu, de plusieurs espèces de garrots et de harles. Les petites boules de plumes rebondissent habituellement sur le sol et les blessures sont rares, malgré tout.

Les canetons doivent souvent parcourir des centaines de mètres, quelquefois un ou deux kilomètres, pour atteindre un point d'eau où ils pourront déguster un premier vrai repas et se reposer. Durant le trajet, les prédateurs sont cependant aux aguets.

Plusieurs oiseaux marins nichent sur de hauts promontoires comme des escarpements de falaise. Ils peuvent sauter d'une hauteur de plus de 100 mètres pour atteindre la mer. Si la piste de départ est mal située, l'oisillon risque de s'écraser sur le sol.

Parmi les oiseaux plus familiers comme le colvert ou le pilet, plusieurs nichent sur les terres agricoles entourant les banlieues. Les petits affrontent là aussi des obstacles. Ils doivent, par exemple, traverser des routes et des autoroutes pour atteindre la tranquillité de l'étang. Les accidents mortels sont nombreux.

Un autre péril guette aussi les oiseaux nidifuges, particulière-ment les gallinacés, comme les tétras et les gélinottes: le climat. Une pluie froide et persistante dans les jours suivant l'éclosion peut anéantir toute la couvée.

Les parents n'ont pas à nourrir leurs rejetons mais ils doivent trouver les sites d'alimentation, en plus de veiller à la sécurité de la famille. Il est fréquent de voir une femelle gélinotte, par exemple, tenter d'attirer vers elle un intrus en imitant un oiseau blessé. Cette diversion donne du temps aux petits pour se mettre à l'abri.

Les parents surveillent aussi la qualité de la nourriture de leur progéniture. Chez le poulet domestique, durant une brève période suivant l'éclosion, maman choisit elle-même, un à un, les grains qu'elle dépose sur le sol devant son petit. C'est le début de l'apprentissage. Cette responsabilité incombe généralement à la femelle jusqu'à l'envol définitif de la marmaille.

Une tâche éreintante

Chez les oiseaux nidicoles, tels les merles, les mésanges ou les troglodytes, le travail des parents est beaucoup plus éreintant.

Les petits sont moins développés que les nidifuges et incapables de subvenir à leurs besoins. Un bon nombre naissent chétifs, sans duvet et gardent les yeux fermés pendant quelques jours. Ils sont toutefois en mesure de lever la tête pour réclamer leur pitance, peu de temps après l'éclosion. Au moment de quitter le nid, ils auront considérablement grossi et seront presque de la taille de leurs parents épuisés.

Heureusement que les adultes ont la nuit pour se reposer, sinon ils se tueraient littéralement à la tâche. Par exemple, le Troglodyte familier, cet oiseau pesant à peine 10 g, travaille comme un véritable forcené. On a calculé que des parents, surtout le mâle, avaient effectué 665 sorties au cours d'une période de 65 heures pour nourrir leurs rejetons, habituellement au nombre de sept. Des chercheurs ont aussi observé qu'un mâle, sans doute devenu veuf à la suite d'un accident, a été forcé de nourrir seul ses petits de 12 jours. Une tâche qu'il accomplissait 1217 fois au cours de la journée, soit une fois toutes les 47 secondes. Et dire que les Troglodytes familiers élèvent deux nichées, parfois trois, au cours de l'été.

Dans l'Antarctique, le Manchot à jugulaire doit effectuer près de 200 plongées par jour pour nourrir ses oisillons de petites crevettes. Le Martin-pêcheur d'Amérique capture quotidiennement près d'une centaine de poissons de 10 cm pour nourrir ses six ou sept jeunes âgés de quelques jours. Une corvée considérable quand on sait que le taux de succès à la pêche se situe autour de 45 %. Le Martinet noir, lui, vole de 900 à 1000 km par jour pour subvenir aux besoins de ses deux ou trois petits. Au cours d'une seule sortie, il peut ramener plusieurs centaines d'insectes.

On estime toutefois que la fréquence des repas est en moyenne de 4 à 12 services à l'heure, selon les espèces. L'Étourneau sansonnet peut nourrir ses petits jusqu'à 17 fois dans une heure, alors que la cadence des hirondelles serait de 30 services au cours de la même période. L'heure des repas varie mais ils sont habituellement plus fréquents le matin, les oisillons étant plus affamés.

Le Martinet noir doit parcourir 900 km par jour pour nourrir ses petits.

Une croissance très rapide

Les petits sont très exigeants. Les Étourneaux sansonnets dévorent presque l'équivalent de leur poids chaque jour. Le Martin-pêcheur d'Amérique, lui, est encore plus gourmand, alors que le Merle d'Amérique semble plus «raisonnable». Il se contente de manger quotidiennement l'équivalent de la moitié de son poids. On a cependant déjà observé un jeune merle qui dégustait en une journée une quantité impressionnante de vers de terre qui, mis bout à bout, auraient formé un lombric de plus de six mètres de longueur.

Plusieurs oiseaux de mer, les colibris, certains grands échassiers et les becs-croisés avalent la nourriture pour la transporter et ensuite la régurgiter dans le bec des petits. Cette opération facilite d'ailleurs la digestion.

Le régime alimentaire est particulièrement riche durant la nidification, pour assurer un développement adéquat et rapide des oisillons. Certains parents vont même jusqu'à enrichir la diète quotidienne de fragments d'os ou de coquillage afin de fournir la quantité de calcium nécessaire à la formation du squelette. Le Moineau domestique, qui consomme presque exclusivement des aliments d'origine végétale durant cette période, nourrit sa famille surtout avec des insectes.

La croissance des jeunes est souvent phénoménale, si on la compare avec celle des mammifères. À l'âge de trois semaines, le poids du Coucou gris est déjà 50 fois plus élevé qu'au moment de sa naissance. Sept semaines après son éclosion, le poids du Grand héron aura été multiplié par 38.

L'exemple de l'Oie des neiges est aussi intéressant à cet égard. Lors de son éclosion, dans l'Arctique, au début de juillet, l'oisillon pèse environ 100 g. Bien que l'été arctique soit court, il fait clair 24 heures par jour si bien que les oiseaux mangent durant toute la journée. Leur seul repos est le temps de digestion.

Les petits de l'Eider à duvet (ici, un mâle) sont parfois élevés dans les «crèches» comptant de nombreux jeunes surveillés par une femelle dominante. (page 141)
Photo Denis Faucher

Le Pluvier semipalmé, un oiseau de rivage, effectue souvent son périple migratoire de nuit. Certains trouvent la mort en entrant en collision avec des phares. (page 147)
Photo Yves Aubry

Pour plusieurs jeunes oies des neiges, la première migration sera la dernière. Près de 90 % des oies tuées au cours de la saison de chasse sont des jeunes de l'année.
Photo Yves Aubry

La Sterne arctique est le plus grand migrateur de la planète. (page 149)
Photo Yves Aubry

La Mouette rieuse a déjà atteint l'âge vénérable de 63 ans à l'état sauvage. (page 154)
Photo André Desrochers

Un Canard colvert bagué a déjà atteint l'âge de 29 ans en pleine nature. Un couple (la femelle est à gauche) peut produire une douzaine de petits. (page 154)

Photo Denis Faucher

La Gélinotte huppée est habituellement farouche mais il arrive parfois que l'oiseau perde sa crainte des humains comme ce fut le cas ici. (page 158)

Photo Pierre Côté, La Presse.

Le comportement des oiseaux varie parfois d'un endroit à l'autre. Alors qu'il fréquente les jardins en Angleterre, le Rouge-gorge familier est plutôt farouche dans les forêts de France. (page 156)

Photo André Desrochers

Considérée au siècle dernier comme l'oiseau le plus abondant en Amérique du Nord, la Tourte voyageuse a été complètement éliminée par la chasse intensive. (page 165)
Photo La Presse

Six semaines plus tard, à l'envol, les jeunes oies atteignent au moins un kilogramme et souvent le double si les conditions sont favorables, soit 20 fois le poids à leur naissance. Ce taux d'assimilation et de transformation des aliments est probablement à la limite des capacités biologiques de l'oiseau.

Les bonnes conditions climatiques jouent aussi un rôle essentiel dans la nidification et la survie des oisillons. Les parents nidicoles consomment une quantité considérable d'énergie pour remplir leur mission. En plus de s'exposer plus souvent aux prédateurs en raison de leurs déplacements fréquents, ils doivent manger davantage pour accomplir tous ces efforts. Si la température ambiante baisse, l'oiseau est obligé de dépenser encore plus d'énergie pour assurer sa propre survie. Chez les insectivores, la situation se complique du fait que l'éclosion et les activités des insectes diminuent par temps frais. Les petits en subissent les conséquences.

Au Québec, les Hirondelles bicolores arrivent sur leur territoire de reproduction à la fin d'avril et elles sont au nid dès les premiers jours de mai, à une époque où la température fluctue énormément. À cause de la pluie ou du froid (la température est parfois à peine au-dessus du point de congélation), plusieurs nichées meurent faute de nourriture. Le phénomène frappe aussi les adultes qui arrivent les premiers dans le nord et beaucoup d'entre eux meurent d'inanition pour les mêmes raisons.

Les autres occupations domestiques

Les parents accomplissent aussi d'autres tâches. Ils doivent réchauffer les oisillons qui comptent entièrement sur eux. En Europe, les jeunes Martinets noirs peuvent tomber dans un état de torpeur pour survivre durant l'absence des parents.

S'il pleut ou que le soleil est trop violent, les ailes de papa ou de maman servent de parapluie ou d'ombrelle.

Les oisillons trouvent habituellement dans leur alimentation l'eau dont ils ont besoin pour vivre. Le cas des gangas, des espèces qui rappellent la Perdrix grise, est particulier. Ces oiseaux vivent surtout dans des plaines arides où l'eau est plus rare. Les plumes de la poitrine du mâle possèdent une structure telle qu'elles peuvent absorber l'eau, un peu à la façon d'une éponge.

Ainsi, après avoir pris soin d'éliminer les huiles de son plumage, l'oiseau se trempe dans l'eau durant quelques minutes puis revient au bercail, des dizaines de kilomètres plus loin. Le Ganga namaqua, par exemple, qui vit dans le désert du Kalahari, en Afrique, parcourt jusqu'à 80 km pour retourner au nid. Même si une partie du liquide s'évapore durant le périple, les jeunes parviennent à extraire suffisamment d'eau des plumes pour combler leur soif durant la plus grande partie de la journée.

Les parents veillent aussi à la propreté et à la protection du nid contre les prédateurs. Chez la plupart des passereaux, les excréments éjectés hors du nid sont enveloppés d'une membrane appelée sac fécal. Dans certains cas, les parents avalent ce sac et profitent de la nourriture qui n'a pas été totalement digérée par les oisillons. La majorité des passereaux ont un grand souci de propreté et nettoient constamment le nid. Ils ne tolèrent aucun corps étranger.

On a même vu des parents jeter un oisillon hors du nid en voulant se débarrasser de la bague posée par un biologiste autour de la patte du petit. Les parents ont ramené le pauvre oisillon au nid après avoir constaté leur méprise.

Les jeunes rapaces, eux, ont un réflexe inné pour faire leurs besoins sans salir le nid. Ils se perchent sur

Les gangas mâles peuvent ramener de l'eau à leur famille grâce à leurs plumes spéciales.

le rebord afin que les excréments soient expulsés à l'extérieur. Chez les hérons et d'autres grands échassiers, la structure du nid est si lâche que les matières fécales passent habituellement à travers le réseau de branches servant de plate-forme.

Par contre, le Roselin familier et certains rapaces comme le Grand-duc d'Amérique sont peu préoccupés par les questions d'hygiène et leurs nids ressemblent parfois à de véritables dépotoirs.

Dehors la marmaille!

Les petits restent habituellement au nid un temps comparable à la durée de l'incubation de l'œuf. Le grand départ s'effectue de façon spontanée, au moment opportun. Il arrive cependant que des jeunes s'attardent plus longtemps. Les parents diminuent alors leur ration de nourriture pour les inciter à s'envoler ou les obligent à sortir du nid pour prendre leur becquée. D'autres jeunes sont carrément expulsés.

Chez les espèces qui élèvent plus d'une nichée, la femelle construit seule le deuxième nid et commence à pondre pendant que le mâle prend en charge les oisillons du premier nid.

Dans bien des cas, les parents continuent de nourrir leurs jeunes même après qu'ils aient délaissé le nid. La plupart des espèces nidicoles poursuivent cette activité durant quelques jours ou plusieurs semaines, le temps que les petits deviennent entièrement autonomes. Chez les sternes, les parents nourriciers alimentent la marmaille durant plusieurs mois pour en faire des pêcheurs efficaces. Plusieurs rapaces agissent de même. Par contre, le jeune Martinet noir et plusieurs oiseaux marins sont indépendants dès leur départ du nid.

Les Oies des neiges, les corneilles, les Mésanges à tête noire et plusieurs autres vivent avec leurs parents jusqu'à la prochaine saison de reproduction. Dans la majorité des cas, les jeunes doivent cependant apprendre à survivre en ne comptant que sur eux-mêmes.

La progéniture des espèces non migratrices doit se chercher un nouveau territoire. D'autant plus que les parents, surtout les mâles, ne se gênent pas pour chasser les jeunes qu'ils considèrent désormais comme des compétiteurs et des intrus.

La vie autonome débute avec son lot de problèmes quotidiens. Durant la première année, le taux de mortalité atteint un sommet. Plusieurs jeunes, incapables de trouver suffisamment de nourriture, meurent durant les premières semaines de leur nouvelle existence.

L'Oie des neiges, un gibier très prisé dans l'est de l'Amérique du Nord, est particulièrement vulnérable lors de la période de chasse, à l'automne. On estime que 90 % des oies abattues sont des jeunes nés au cours de l'été. Ces juvéniles sont inexpérimentés et inconscients du danger que représente un chasseur. Mais l'oiseau qui a survécu à sa première saison de chasse a ensuite de bonnes chances de vivre vieux.

Les prédateurs et les migrations de l'automne et du printemps sont aussi responsables de véritables hécatombes. Si bien que chez certaines petites espèces, on constate que, bien souvent, seulement 10 % des jeunes reviennent se reproduire l'année suivante.

Fratricide et cannibalisme

La vie dans le nid est souvent mouvementée et des drames surviennent même à l'occasion. La loi du plus fort s'applique chez les oisillons comme dans le reste de la nature. Les conflits de famille sont nombreux et se terminent parfois d'une façon tragique.

Les cas de fratricide et de cannibalisme sont fréquents. Chez certains rapaces, la compétition débute dès l'éclosion. L'aîné exerce rapidement sa domination sur les autres. Il n'hésite pas à tuer ses frères et sœurs pour maintenir sa suprématie et être enfin seul à table.

Dans le cas de l'Aigle royal, le premier rejeton, dont la croissance est plus avancée, attaque souvent le plus jeune et le tue. Chez le Pygargue à tête blanche, dont la nichée est composée de deux ou trois petits, les ardeurs belliqueuses de l'aîné persistent durant quelques semaines. Si les deux plus jeunes réussissent à survivre aux attaques, ils ne seront plus assaillis et pourront mener une existence paisible.

Le Fou brun, lui, a toujours deux oisillons. Le plus jeune est plus faible et est souvent repoussé hors du nid. L'aîné profite de cette occasion pour l'empêcher de revenir au bercail. Privé de nourriture, le cadet meurt au bout d'un certain temps. Les Pélicans blancs d'Amérique et la Grue blanche d'Amérique ont la même dynamique familiale.

La situation peut aussi être dramatique chez les Harfangs des neiges. Cette espèce pond de quatre à huit œufs, à intervalles irréguliers, et jusqu'à 14 quand la nourriture est abondante. L'incubation dure environ 33 jours. Le premier rejeton quitte parfois le nid avant même que le dernier œuf ne soit éclos. En période de disette, les choses se déroulent différemment. Affamé, l'aîné mangera parfois le plus jeune de la couvée. Le phénomène a aussi été observé chez le Grand-duc d'Amérique et plusieurs autres rapaces.

Des parents cannibales

Les parents mangent les oisillons morts ou trop faibles chez plusieurs espèces, dont la Cigogne blanche, la Pie-grièche écorcheur, l'Effraie des clochers et certains rapaces comme le Faucon crécerelle.

Si la nourriture est rare, l'Effraie des clochers mangera une partie de sa progéniture en commençant par le plus petit et le plus faible. Le Grand Géocoucou (le fameux *roadrunner* du dessin animé) fera la même chose. On estime qu'en agissant ainsi, les parents augmentent les chances de survie du reste de la couvée.

Le cannibalisme est encore plus répandu chez les oiseaux vivant en colonies. À la fin de la période de nidification des goélands, par exemple, il est fréquent que le nombre de jeunes prêts à s'envoler soit plus faible que le nombre de couples reproducteurs.

Non seulement les oiseaux prédateurs font-ils des ravages, mais la moindre perturbation dans la colonie peut entraîner la mort de plusieurs petits.

Le territoire de chaque couple est restreint lorsque la densité des nicheurs est élevée. Il se limite généralement à un petit espace autour du nid. En dépit du brouhaha général, les oiseaux obéissent à des règles sociales et territoriales strictes. S'il a l'imprudence de sortir de son territoire, l'oisillon court le risque de se faire dévorer par les voisins. Chez le Goéland argenté, le fugueur qui réussit à revenir au bercail sain et sauf n'est parfois plus considéré comme un membre de la famille. Et il sera prestement avalé par ses parents.

Le Grand Géocoucou, le road-runner, *mange parfois ses petits en période de disette.*

Faire élever ses petits par les autres

Plusieurs espèces font face à une autre calamité: le parasitisme. Obéissant à un instinct millénaire, les parents enfouissent la nourriture dans le bec qui est le plus grand ouvert, selon une rotation naturelle. Dans les cas extrêmes de parasitisme, les parents persistent à nourrir l'oisillon étranger, habituellement plus gros, même si les autres rejetons risquent de mourir de faim.

Le parasitisme existe chez plusieurs coucous, chez les vachers et les indicateurs. Ces oiseaux confient à d'autres la tâche d'élever leurs petits.

En Europe, le Coucou geai et le Coucou gris, de même que le Vacher à tête brune en Amérique du Nord, sont incapables d'assurer leur descendance sans l'aide de leurs voisins.

Dans d'autres cas, le parasitisme ne se produit qu'occasionnellement. Par exemple, de nombreux canards, comme les harles et les fuligules, ainsi que le Moineau domestique, l'Étourneau sansonnet et certains pics, déposent parfois leurs œufs dans le nid des autres. On estime que près de 900 espèces dans le monde pondent, un jour ou l'autre, dans un nid qui ne leur appartient pas. On les appelle des parasites non obligatoires.

Le phénomène est assez courant chez les oiseaux coloniaux. Ce comportement se produit souvent aussi chez les canards, dont une vingtaine d'espèces s'adonnent au parasitisme. Dans le cas du

Fuligule à tête rouge et de l'Érismature rousse, le parasitisme est très fréquent. Les chercheurs considèrent même qu'il s'agit d'une étape de l'évolution qui devrait amener un jour ces oiseaux à ne plus faire de nid. En Amérique du Sud, un canard nommé Hétéronette à tête noire ne fait jamais de nid et pond dans celui des autres.

En Amérique du Nord, on a constaté que le Pic flamboyant, probablement le plus connu de tous les pics, pondait parfois ses œufs dans le nid du Merle-bleu de l'Est, de l'Hirondelle bicolore et du Grand Pic.

Les oiseaux adoptés sont élevés comme les autres membres de la famille. Un couple de Moineaux domestiques, par exemple, a couvé et nourri le rejeton d'une Hirondelle de rivage, en plus de sa propre progéniture.

Le Faisan de Colchide fait aussi partie de ceux qui donnent souvent leurs petits en adoption. Il pond notamment dans le nid des autres faisans, dans celui des poules domestiques, des Gélinottes huppées et du Colin de Virginie. Ce dernier prend toutefois sa revanche sur le faisan en l'obligeant, de temps à autre, à couver un de ses œufs. Au Québec, le Roselin familier, le Moqueur roux, le Râle de Virginie et le Grèbe à cou noir prennent un congé parental à l'occasion.

Les oiseaux adoptés se retrouvent parfois dans des familles où les habitudes sont incompatibles avec leur mode de vie. Le Tadorne de Bellon, un canard plongeur d'origine eurasienne, pond de temps à autre ses œufs dans le nid du Harle huppé. Le tadorne se nourrit de matière végétale et d'invertébrés capturés à faible profondeur alors que le harle est un plongeur qui s'alimente presque exclusivement de poissons. Inadapté à la situation, l'existence du caneton en adoption sera de très courte durée.

Le coucou et le vacher

La situation est bien différente chez des parasites comme le coucou ou le vacher. Dans ce cas, l'oisillon étranger réussit souvent à éliminer toute la couvée de ses parents adoptifs.

À peine éclos, encore nu, les yeux fermés, le Coucou geai ou son cousin, le Coucou gris, pousse habituellement tous les œufs hors du nid à l'aide de ses ailes naissantes. Les indicateurs, eux, tuent les autres oisillons en utilisant l'aspérité en forme de crochet qu'ils ont au bout du bec. Quant au vacher, il se contente habituellement de prendre progressivement toute la place disponible dans le nid. Des parents parviennent, tant bien que mal, à élever quelques-uns de leurs petits en dépit de la présence dérangeante de l'oisillon étranger.

Si on excepte certains insectes, la forme de parasitisme pratiquée par les oiseaux est presque unique dans le monde animal. Des chercheurs croient aujourd'hui qu'il s'agit là d'une forme de prédation mais ils ignorent ce qui a pu amener les espèces parasites à évoluer dans cette direction.

Le Coucou geai pond ses œufs dans les nids des autres oiseaux.

La femelle en quête de parents adoptifs surveille les allées et venues autour du nid. Dès que celui-ci est déserté, elle s'y précipite. Le coucou, par exemple, réussit à enlever un des œufs de la couvée et à pondre le sien en quelques secondes. Le Vacher à tête brune, lui, dépose simplement son œuf, parfois deux, au milieu des autres. Sa production annuelle est de 10 à 12 œufs mais elle atteint parfois le double et même le triple. Quant au coucou, sa ponte normale est d'une douzaine d'œufs. Ce nombre peut doubler à l'occasion.

Le premier à éclore

En règle générale, l'œuf de l'oiseau parasite est le premier à éclore. Les bébés du vacher et du coucou quémandent immédiatement leur nourriture. Les parasites sont généralement plus gros que leurs hôtes, jusqu'à trois fois plus. Les autres membres de la famille doivent souvent se contenter des miettes et ils ont peu de chances de se nourrir convenablement, surtout si les ressources alimentaires sont peu abondantes. Des oisillons seront parfois éjectés du nid parce que le parasite occupe toute la place.

En Amérique du Nord, le Vacher à tête brune utilise ainsi les services d'au moins 200 espèces d'oiseaux. Il a cependant ses préférences. Il visite souvent le nid de la Paruline jaune ou celui du Bruant chanteur. Quant au Coucou gris d'Europe, il choisit surtout comme parents adoptifs la Rousserolle turdoïde ou la Pie-grièche bucéphale.

L'adaptation des oiseaux parasites est étonnante. Chez le Coucou gris, l'incubation de l'œuf est même déjà commencée avant qu'il ne soit pondu, un avantage énorme pour la survie de l'espèce.

Le degré de mimétisme de l'œuf du coucou est parfois si grand que même des experts ne peuvent différencier ceux d'un hôte de celui du parasite. Chez un coucou africain (une soixantaine d'espèces de coucous d'Afrique sont parasites), la ressemblance des œufs est tellement incroyable qu'il faut une analyse génétique (ADN) pour déterminer à quelles espèces ils appartiennent. En Finlande, les œufs du Coucou gris deviennent bleuâtres comme ceux du Rouge-queue à front blanc et du Tarier des prés qui élèvent ses petits. Ailleurs, si le coucou pond dans le nid de la Rousserolle turdoïde, les œufs prennent une couleur verdâtre marquée de noir, comme celle de l'hôte.

La structure de l'œuf du coucou est habituellement très solide, une autre facette de l'évolution des oiseaux parasites. Lors de la ponte qui s'effectue parfois à partir d'une certaine hauteur, sa coquille rigide peut même briser les œufs qui sont déjà dans le nid.

L'impact du parasitisme varie considérablement mais ses effets ne semblent pas dramatiques pour l'ensemble d'une population. À certains endroits, la présence d'oiseaux parasites a toutefois provoqué un déclin important chez les parents adoptifs. L'élevage d'un oisillon en surplus est très exigeant. Si les parents sont épuisés, il est peu probable qu'ils élèvent une autre nichée.

Certaines espèces réussissent toutefois à se défendre contre l'intrusion des oiseaux parasites. Sur le continent nord-américain, le Merle d'Amérique et le Moqueur chat semblent capables de reconnaître l'œuf du vacher et de le jeter hors du nid. Par contre, dans plusieurs régions, les populations de merles sont plus conciliantes.

Des oiseaux désertent le nid dès qu'un œuf «étranger» y a été déposé. D'autres, comme la Paruline jaune, ajoutent un autre plancher à leur nid au-dessus de l'œuf indésirable. Des recherches ont démontré que l'oiseau pouvait construire jusqu'à cinq plateformes. Ce réflexe de rejet se manifeste habituellement au début de la ponte, lorsqu'il y a très peu d'œufs dans le nid. Si le vacher parasite arrive au moment où la ponte est presque complétée, la paruline couvera alors tous ses œufs, y compris ceux de l'intrus.

Quand le vacher est prêt à voler de ses propres ailes et que ses parents adoptifs ont terminé leur tâche, il va rejoindre instinctivement les membres de son espèce.

Un coup de main des voisins

Contrairement aux parasites, plusieurs oiseaux s'entraident et donnent volontiers un «coup de main» au voisin, même s'il n'est pas de la même espèce.

Des recherches récentes ont d'ailleurs démontré que ce phénomène était beaucoup plus répandu qu'on ne le croyait et qu'il toucherait au moins 200 espèces.

Le Geai à gorge blanche de Floride donne un bon exemple d'entraide. À l'occasion, quatre ou cinq geais, qui ne sont pas encore en âge de se reproduire, peuvent apporter leur soutien à des parents. Ils les aident à nourrir les petits, à nettoyer le nid et à le protéger contre les intrus. L'entraide familiale existe aussi chez certaines espèces. Par exemple, les petits de la première couvée du Merle-bleu de l'Est aident parfois les parents à nourrir les rejetons du deuxième nid.

Certains mégapodes australiens mettent aussi leurs efforts en commun pour assurer l'incubation des œufs. Plusieurs femelles pondent leurs œufs dans des débris végétaux et la chaleur dégagée par la matière en décomposition provoque l'éclosion. Le nid peut atteindre une dizaine de mètres de diamètre et jusqu'à cinq mètres de hauteur.

De la grosseur d'un dindon, les mâles surveillent constamment la température du nid avec leur bec, ajoutant au besoin de la matière ou réduisant l'épaisseur de la couverture isolante. La ponte s'étale parfois sur une bonne partie de l'année. Les mâles consacrent de quatre à cinq heures par jour à la surveillance des lieux, aux tests de température et à l'ajustement du nid. L'œuf prend de 50 à 90 jours pour éclore. L'oisillon doit alors traverser l'amas de débris pour voir le jour. Il sera en mesure de courir dès sa sortie et de voler 24 heures plus tard. Indépendant dès sa naissance, il vivra en solitaire, sauf en période de reproduction.

Dans le sud des États-Unis, au Mexique et en Amérique centrale, les deux espèces d'anis, un oiseau noir doté d'un bec très particulier, partagent plusieurs tâches avec leurs congénères. Les couples travaillent ensemble à la construction des nids, voient à l'incubation des œufs et à l'alimentation des petits.

Couver à deux

Certains comportements dans ce domaine sont encore plus déroutants. On a déjà fait état du cas d'un Merle d'Amérique et d'un Jaseur d'Amérique, dans les environs de Trois-Rivières, près de Québec, qui couvaient ensemble leurs œufs dans le même nid. Le jaseur reposait sur les œufs, alors que le merle était installé sur le jaseur, ou vice versa. La vie communale a duré jusqu'à l'apparition des oisillons, les parents s'occupant ensuite respectivement de leur progéniture.

Un autre cas est celui d'un nid partagé par une Buse à épaulettes et une Chouette rayée. La buse couvait la nuit quand l'autre était à la chasse. L'auteur John K. Terres rapporte aussi le comportement de ce Troglodyte de Caroline, un mâle qui nourrissait une femelle Troglodyte familier en train de couver. Après l'éclosion, le père «adoptif» se montra tellement empressé à nourrir les petits que les vrais parents lui laissèrent faire tout le travail.

Le chercheur Henri Ouellet, qui fut responsable du département d'ornithologie au Musée canadien de la nature durant plusieurs années, a aussi observé une scène semblable dans la toundra québécoise. Il s'agissait d'un Bruant des prés qui s'entêtait à nourrir les petits d'une couvée de Bruants lapons, en dépit des efforts soutenus du couple pour l'éloigner du nid.

Selon l'expert, des oiseaux agissent ainsi pour libérer leur trop plein d'énergie instinctive lorsque leur nichée a été détruite, par exemple. Dans d'autres cas, ils continuent à vouloir nourrir des petits, un réflexe persistant, même après que les leurs soient devenus indépendants.

Les eiders à la pouponnière

Le long du littoral atlantique ou encore dans l'estuaire du Saint-Laurent, on peut observer des familles d'Eiders à duvet comptant un nombre imposant de membres. En fait, ce sont des «crèches».

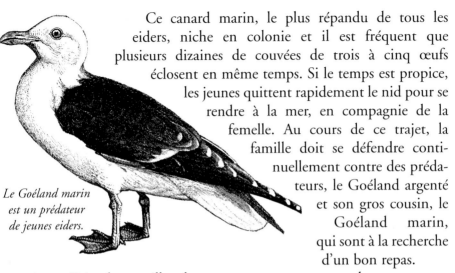

Ce canard marin, le plus répandu de tous les eiders, niche en colonie et il est fréquent que plusieurs dizaines de couvées de trois à cinq œufs éclosent en même temps. Si le temps est propice, les jeunes quittent rapidement le nid pour se rendre à la mer, en compagnie de la femelle. Au cours de ce trajet, la famille doit se défendre continuellement contre des prédateurs, le Goéland argenté et son gros cousin, le Goéland marin, qui sont à la recherche d'un bon repas.

Le Goéland marin est un prédateur de jeunes eiders.

Dans la pagaille, des canetons se retrouvent dans une autre famille ou encore au beau milieu d'un groupe considérable de jeunes, parfois plusieurs dizaines. Plusieurs femelles, dont certaines n'ont pas de petits, prennent alors les oiseaux orphelins sous leur protection. Si les formalités d'adoption sont rapides, l'harmonie dans la nouvelle famille est de courte durée. Les femelles établissent rapidement une hiérarchie où les plus fortes chassent les plus faibles.

Plusieurs jours plus tard, il ne reste plus qu'une ou deux femelles pour veiller sur la marmaille. Les autres adultes qui persistent à vouloir surveiller les petits devront se contenter de les observer à l'écart. On a déjà vu une cane qui avait sous sa garde 112 canetons.

Les manchots, les pélicans et certaines espèces de sternes élèvent parfois leurs petits de la même façon.

L'étrange cas du calao

De tous les oiseaux, ce sont les calaos qui se distinguent le plus en matière de nidification.

D'une longueur qui atteint parfois 1,5 mètre, ces oiseaux africains et asiatiques sont pourvus d'un grand bec qui n'est pas sans rappeler celui du toucan. Il a toutefois une grosse protubérance sur sa partie supérieure.

Les calaos nichent surtout dans les anfractuosités des arbres. Avant de s'installer au nid, la femelle commence à fermer l'ouverture de la cavité avec de la boue, se gardant un espace pour entrer. Une fois à l'intérieur, elle s'enferme littéralement en bouchant l'entrée avec des excréments ou de la nourriture. Chez certaines espèces, le mâle collabore à cette corvée.

À partir de ce moment, seul le bec peut émerger du trou. Le mâle devient alors l'unique pourvoyeur. Un rôle qu'il assumera tant que la marmaille n'aura pas quitté le nid, soit de 20 à 40 jours après l'éclosion, selon l'espèce.

Dans certains cas, la femelle brise la porte d'entrée du nid pour aider son partenaire à nourrir les rejetons dont le nombre varie de un à sept. Mais dès que leur mère a quitté le logis, les jeunes s'empressent à leur tour de sceller la cavité.

Cette réclusion viserait à assurer la sécurité de la famille. En cas d'urgence, le nid compte habituellement une sortie de secours.

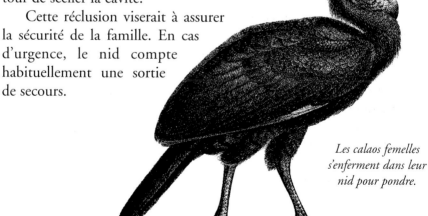

Les calaos femelles s'enferment dans leur nid pour pondre.

La migration:
un voyage très risqué

Encore aujourd'hui, on s'interroge sur les raisons qui amènent les oiseaux à migrer au printemps et à l'automne. À première vue, la réponse semble évidente: l'oiseau est forcé de partir en raison de la température froide et de la neige qui réduisent ou éliminent les ressources alimentaires.

Pourtant, le processus migratoire varie considérablement d'une espèce à l'autre et plusieurs comportements restent mystérieux. Pourquoi des oiseaux d'une même espèce vivant dans un même territoire migrent, alors que d'autres restent? Pourquoi des oiseaux d'une même famille parcourent quelques centaines de kilomètres pour atteindre leurs quartiers d'hiver, tandis que d'autres franchissent des distances beaucoup plus considérables? Pourquoi certains franchissent des milliers de kilomètres, alors qu'ils pourraient choisir des lieux d'hivernement moins éloignés?

Les traditions migratoires ne sont pas immuables. Depuis quelques années, dans l'est de l'Amérique du Nord, de nombreuses Bernaches du Canada ne migrent plus vers le nord du Québec, au printemps. Elles passent plutôt l'année sur leur territoire d'hivernage aux États-Unis. Une situation qui cause d'ailleurs de sérieux problèmes d'insalubrité. À plusieurs endroits, les bernaches sont devenues un vrai fléau dans les parcs publics et les terrains de golf à cause de leurs fientes.

Un grand nombre d'Hirondelles rustiques quittent le Canada pour se rendre hiverner en Amérique du Sud et certaines ont commencé à nicher en Argentine au lieu de revenir dans les contrées nordiques. En Europe, le Serin cini a envahi progressivement le continent vers le nord à partir du bassin méditerranéen. Or les populations qui étaient jadis sédentaires dans le sud sont devenues migratrices en s'installant dans le nord. De nombreuses fauvettes à tête noire qui nichent en Allemagne ont adopté depuis quelques décennies les îles britanniques comme refuge hivernal, au lieu de se rendre dans le bassin de la Méditerranée.

Le Traquet motteux, qui est de la taille d'une paruline, est répandu un peu partout dans le monde. Les populations européennes nichent dans la toundra et passent l'hiver en Afrique de l'ouest. L'espèce a commencé à nicher en Amérique du Nord depuis quelques décennies. Ceux qui se reproduisent au nord du Québec, dans la baie d'Ungava, arrivent du Groenland et de l'Islande après avoir traversé l'Atlantique Nord et l'Europe à partir de l'Afrique.

À la fin de l'été, ils font le trajet inverse. Les chercheurs pensent que les Traquets motteux qui nichent au nord du Canada, pourraient un jour installer leurs quartiers d'hiver en Amérique du Sud, comme l'a fait l'Hirondelle rustique à une lointaine époque, après son arrivée en Amérique en provenance de l'Europe.

Des accidents de parcours

Selon le scientifique Frank B. Gill, il y a environ 10 milliards d'oiseaux dans le monde qui effectuent une migration annuelle. La moitié d'entre eux (187 espèces), quittent l'Europe et l'Asie pour l'Afrique. Quant aux autres (plus de 200 espèces), ils partent du Canada et des États-Unis pour se rendre au Mexique, en Amérique centrale, en Amérique du Sud et, parfois, aux Antilles.

La migration exige une endurance et une puissance énormes. Les oiseaux font face à de nombreuses embûches et plusieurs meurent au cours du voyage.

D'après Gill, sur les 100 millions de canards et d'oies qui migrent vers le sud chaque hiver, moins de la moitié reviennent se reproduire au printemps. On estime également que la moitié des petits oiseaux migrateurs de tout l'Hémisphère Nord ne reviennent jamais de leur voyage dans le sud.

Les prédateurs, les intempéries, l'épuisement et les accidents sont la cause d'un nombre considérable de décès. Des volées entières d'oiseaux ont péri en mer en raison des conditions climatiques désastreuses. Des accidents spectaculaires peuvent aussi se produire. On voit à l'occasion des volées d'oiseaux entrer en collision frontale l'une avec l'autre. Chaque année, des milliers de volatiles heurtent mortellement des édifices ou de hautes structures.

Malgré ces aléas, la migration comporte des avantages appréciables pour les espèces: des chercheurs ont constaté que le taux de mortalité des oiseaux résidant dans la zone tempérée était plus élevé que celui des migrateurs qui se rendent dans les Tropiques. Par contre, les populations sédentaires ont davantage de petits.

Comment les oiseaux en sont-ils venus à migrer? On s'accorde pour dire qu'ils sont opportunistes et que ce périple annuel est une façon d'améliorer leur qualité de vie.

Selon une théorie, les oiseaux auraient progressivement agrandi leur territoire de reproduction vers le nord en raison du réchauffement climatique de la planète. L'hiver, ils seraient retournés instinctivement vers leur territoire de nidification, incapables de supporter la froide température.

D'après une autre théorie, plus évolutionniste, les oiseaux nichaient déjà dans le nord à une époque où le climat était plus clément. Les grandes glaciations auraient forcé progressivement un grand nombre d'entre eux à quitter les lieux à la fin de l'été. Quant aux espèces qui n'ont pas migré, seules les plus résistantes auraient survécu.

Guidés par le soleil et les étoiles

Le besoin de migration est déclenché par le photopériodisme (la longueur du jour par rapport à celle de la nuit) qui influence le fonctionnement hormonal de l'oiseau. Ce phénomène permet à l'animal de se préparer au grand départ, notamment en assurant une accumulation de graisse sous la peau.

Les oiseaux utilisent des méthodes variées pour se diriger durant leurs voyages. Ils peuvent s'orienter grâce à la position du soleil ou des étoiles. Ils réagissent aussi au champ magnétique terrestre et aux vents dominants ou encore ils suivent le relief. En Europe, le promontoire de Gibraltar est un point de ralliement important pour les oiseaux qui traversent le détroit afin de se rendre en Afrique.

Au Canada, le parc national de la Pointe-Pelée, en Ontario, est un endroit où se reposent les rapaces et une foule de petits passereaux, comme les parulines, après leur traversée du lac Érié. Chaque année, en mai, des milliers d'ornithologues amateurs s'y donnent d'ailleurs rendez-vous.

Le sens de l'orientation de certains oiseaux est stupéfiant. Dans les années 1950, des chercheurs ont réalisé une expérience en enlevant un Puffin des Anglais de son terrier, situé sur une île du Pays de Galles. L'oiseau marin fut transporté par avion et

Le Pluvier doré d'Amérique niche dans l'Arctique et passe l'hiver jusqu'au sud de l'Amérique du Sud.

relâché immédiatement à son arrivée en terre d'Amérique. Le puffin a retrouvé son lieu d'origine après exactement 12 jours et 13 heures. Il a dû pour ce faire traverser 5000 km au-dessus de l'océan Atlantique, soit 400 km par jour.

Dans un autre cas, deux Manchots d'Adélie, qui avaient été transportés à 3800 km de leur aire de nidification, sont revenus à domicile à la nage. Le périple a duré 10 mois. On estime qu'ils ont nagé à une vitesse moyenne d'un kilomètre à l'heure.

Les jeunes oiseaux parviennent à se rendre sur leur territoire d'hivernage grâce à un réflexe inné et à l'apprentissage. Mais certains se perdent parfois en cours de route par manque d'expérience.

Un chercheur néerlandais a un jour transporté en Suisse des centaines d'Étourneaux sansonnets qui étaient de passage en Hollande. Les jeunes de l'année ont migré immédiatement et se sont égarés en Espagne, alors que les adultes expérimentés se sont rendus dans leur territoire d'hivernage dans le nord de la France, en Belgique et dans le sud de l'Angleterre.

Un voyage aller retour: 34 000 km

Le périple annuel des Sternes arctiques est le plus spectaculaire. Ces oiseaux qui nichent au-delà du cercle arctique, au nord du Canada, descendent vers le sud à la fin de l'été, traversent l'Atlantique et longent la côte de l'Europe en direction de l'Afrique. Puis, ils poursuivent leur route le long du littoral africain pour atteindre l'été austral de l'Antarctique, environ deux mois plus tard. Un voyage annuel de 25 000 km aller et retour, soit un voyage complet autour du globe. Certaines sternes font même un petit détour pour mieux profiter des vents. Dans ce cas, le trajet peut atteindre 34 000 km.

Le Puffin majeur et le Puffin fugilineux effectuent le trajet contraire. Ils nichent au Sud de la planète, aussi loin qu'en Nouvelle-Zélande ou dans l'Atlantique Sud et passent l'hiver austral dans le nord. Une autre espèce, le Puffin à bec grêle, niche dans le sud de l'Australie et vient passer la saison estivale sur les côtes de l'Alaska. Un Labbe antarctique, bagué au nid par des chercheurs au cours de l'été austral, fut retrouvé six mois plus tard au Groenland où il avait été abattu durant l'été boréal.

Les sternes ne sont pas les seules à faire de longs trajets et toutes proportions gardées, les performances d'une foule d'autres espèces sont tout aussi remarquables.

Par exemple, de nombreux oiseaux de rivage qui se reproduisent dans le Grand Nord canadien traversent les deux Amériques chaque automne et chaque printemps, un voyage de plus de 20 000 km. Un Tourne-pierre à collier, un joli oiseau de rivage qui niche en Scandinavie et dans la toundra canadienne, a déjà quitté l'Alaska en août pour atteindre les îles d'Hawaï, trois jours plus tard. Il avait accompli un peu plus de 1000 km par jour à une vitesse moyenne de 43 km/h.

Une distance de 4000 km en quatre jours

La Paruline rayée, un oiseau de la dimension d'une fauvette, quitte souvent la partie septentrionale du Québec pour se rendre directement au nord de l'Amérique du Sud, un voyage continu de 86 heures. À la fin, elle n'a plus que les plumes et les os. On a calculé que si elle consommait du pétrole pour faire fonctionner son petit «moteur», son rendement énergétique serait d'environ 288 000 kilomètres par «litre». Une dépense énergétique comparable à celle d'un homme courant un peu plus de six kilomètres à la minute durant 80 heures d'affilée. Qui dit mieux?

Avant de partir pour le sud, le minuscule Colibri à gorge rubis double son poids, qui passe de trois à six grammes. Il quitte le

Québec vers la fin de l'été pour se rendre lui aussi au nord de l'Amérique du Sud. Il doit pour cela traverser le golfe du Mexique, soit 900 km.

En Europe, le Traquet motteux quitte la Scandinavie pour traverser les 2000 ou 3000 km d'océan qui le séparent des îles britanniques. Plusieurs migrateurs d'Europe doivent aussi voler sans interruption sur une distance de 1100 km au-dessus de la Méditerranée. Après ce périple, ils se reposent quelque temps et reprennent la route pour franchir, cette fois, les 1600 km du désert du Sahara.

Certains faucons nichant en Asie traversent directement les 4000 km de l'océan Indien pour atteindre la côte est-africaine, un voyage de trois ou quatre jours.

De nuit comme de jour

La date de la migration, la vitesse de vol, la distance et la destination sont particulières à chaque espèce. Certaines volent en groupe, alors que d'autres sont plutôt solitaires. Plusieurs oiseaux de rivage voyagent uniquement de nuit, mais les canards et les oies migrent indifféremment de jour ou de nuit.

La migration nocturne permet d'éviter bien des prédateurs. Une foule de petits passereaux voyagent ainsi. Le jour, ils se reposent et se nourrissent pour repartir dès que le soleil se couche.

Des espèces sédentaires arctiques, comme le Harfang des neiges, pourront effectuer une visite dans le sud, parfois aussi loin que Montréal et l'État de New York, si la nourriture devient plus rare.

Chez une même espèce, des oiseaux peuvent se déplacer légèrement plus au sud, alors que d'autres sont très sédentaires. Au Québec, un bon nombre de Geais bleus vont dans le sud, près de la frontière américaine, tandis que les autres restent sur leur territoire estival, plusieurs étant des visiteurs assidus aux mangeoires. Le même phénomène se produit chez l'Étourneau sansonnet et le Merle d'Amérique.

En Europe, certains Merles noirs parcourent des centaines de kilomètres pour atteindre leurs quartiers d'hiver, alors que d'autres ne quittent jamais leur territoire, le comportement étant transmis par les parents.

Au Québec, durant l'hiver de 1994-1995, des centaines de Merles d'Amérique sont demeurés sur leur territoire au lieu de migrer vers le sud. La nourriture était abondante, les arbres fruitiers sauvages ayant laissé une récolte exceptionnelle. Ceux qui ont passé la période hivernale sans encombre, malgré le fait que le thermomètre ait atteint -25 °C à quelques reprises, ont pu être les premiers à choisir les meilleurs sites de nidification au printemps.

D'autres migrateurs parcourent seulement quelques centaines de kilomètres vers le sud pour éviter les grandes périodes de gel. Lors de froids intenses, les Corneilles d'Amérique nichant au Québec migrent vers les États-Unis, à 200 ou 300 km plus au sud. Elles reviennent toutefois dans la région de Montréal dès que le temps est plus clément.

Une longévité étonnante

Les oiseaux vivent en général de deux à cinq ans et leur existence n'est pas de tout repos. Ils doivent mener un combat incessant pour se nourrir et se reproduire. On comprend qu'un grand nombre meurent en très bas âge.

Chez les passereaux, les deux tiers des jeunes en âge de voler meurent au cours de leur première année d'existence. On estime que 25 % de ceux qui restent subissent le même sort avant l'âge de deux ans. Une étude réalisée en Arizona a démontré que seulement 11 % des Juncos aux yeux jaunes se présentaient sur les territoires de reproduction, le printemps suivant leur naissance.

Les prédateurs sont responsables d'un nombre important de décès chez les petits oiseaux. Chaque année, l'Épervier d'Europe capture à lui seul de 18 à 34 % des rejetons de la Mésange charbonnière.

En Amérique du Nord, 70 % des jeunes Tourterelles tristes meurent avant l'âge d'un an et le taux annuel de décès chez les adultes est de 55 %. Certains individus vivent cependant durant 10 ans. La tourterelle triste, comme nous l'avons dit, est l'oiseau le plus chassé sur le continent nord-américain.

Les accidents mortels sont nombreux. Des colibris ou de petits bruants restent parfois prisonniers dans de grandes toiles d'araignées. L'Hirondelle rustique, elle, peut mourir d'inanition, ficelée par les longues herbes qui devaient servir à la construction de son nid.

Les automobiles sont aussi meurtrières. Sur le territoire américain, près de 60 millions d'oiseaux trouveraient la mort sur la route chaque année, à la suite de collisions avec des voitures. Un nombre aussi important de décès serait attribuable aux grandes fenêtres des édifices et des résidences où les oiseaux se fracassent le crâne.

Un canard colvert de 29 ans

On croit généralement que les petits oiseaux vivent moins longtemps que les gros. Certains passereaux ont toutefois atteint des records de longévité, à la limite de leurs possibilités physiques et biologiques. Un Colibri à gorge rubis, le seul des 315 espèces à fréquenter régulièrement le nord-est de l'Amérique du Nord, a déjà vécu cinq ans à l'état sauvage. La documentation scientifique mentionne aussi le cas d'un mâle qui aurait butiné durant 14 ans dans un jardin de l'Arizona.

L'âge maximum atteint dans la nature par certains oiseaux est de: 11 ans chez le Pic épeiche; 13 ans chez le Rouge-gorge, le Coucou gris et le Gros-bec errant; 15 ans chez la pie bavarde et le Cardinal rouge; 23 ans chez le Vanneau huppé et la Bernache du Canada; 27 ans chez le Goéland argenté; 36 ans chez l'Aigle royal; 53 ans chez l'Albatros de Laysan et même 63 ans chez la Mouette rieuse.

Un individu d'une espèce très prisée par les chasseurs en Amérique du Nord, un Canard colvert bagué, avait atteint l'âge de 29 ans lorsqu'on a retrouvé sa carcasse. Un autre exploit est celui d'une Sterne arctique qui a vécu 34 ans, une longue vie pour le plus grand migrateur de la planète. Plusieurs spécimens de cette espèce ne vivent qu'une vingtaine d'années.

En captivité, un grand-duc séculaire

Les oiseaux élevés en captivité vivent souvent beaucoup plus longtemps que leurs congénères sauvages, en raison de la protection et des soins constants dont ils sont entourés. En Europe, une petite Fauvette des jardins a vécu 23 ans dans une volière, alors que le record enregistré pour cette espèce dans la nature est de sept ans.

Un Pigeon biset a déjà atteint l'âge respectable de 32 ans en captivité, alors qu'une Bernache du Canada a survécu jusqu'à 42 ans dans les mêmes conditions. Quelques grands perroquets en cage sont devenus octogénaires et une Grue de Sibérie a mené une existence paisible durant 61 années au jardin zoologique de Washington. Une Oie cendrée a aussi atteint l'âge de 26 ans en captivité et un Aigle royal a vécu pendant 46 ans.

Un Pigeon biset en captivité a déjà vécu 32 ans.

Un corbeau a passé 69 ans en compagnie de ses maîtres, un an de plus qu'un Grand-duc d'Europe qui avait aussi vécu en bonne compagnie. Bien que controversé, le record dans ce domaine serait celui d'un Grand-duc d'Amérique, élevé en Angleterre, qui aurait vécu jusqu'à 100 ans.

Un moyen de défense: la fuite

La fuite est le meilleur moyen de défense pour plusieurs oiseaux. Certains, par contre, s'habituent à la présence de l'homme et vont même jusqu'à la rechercher.

La raison en est bien simple: les humains représentent une source de nourriture. Les rassemblements de goélands dans les ports et la grande familiarité des pigeons sur les places publiques illustrent bien ce phénomène.

Dans les îles Galapagos par exemple, un endroit où les oiseaux n'ont pas eu de contact avec l'homme durant des millénaires, le visiteur peut circuler dans les colonies d'oiseaux qui restent indifférents et immobiles. Sur ces îles isolées du Pacifique, des petits oiseaux viennent même se percher sur votre épaule et les rapaces (pourtant peu portés sur les relations avec l'homme) ne semblent nullement importunés. Les otaries et les iguanes terrestres ont aussi le même comportement. Vivant dans un milieu tout aussi isolé, les manchots de l'Antarctique ont une attitude semblable face aux rares observateurs qui leur rendent visite.

Des oiseaux peuvent se montrer familiers dans un environnement et adopter un comportement contraire dans un autre endroit. Par exemple, le Merle d'Amérique se promène sur les pelouses en quête de vers sans trop se soucier de la présence humaine. En forêt, il est toutefois beaucoup plus discret et craintif. En Angleterre, le Rouge-gorge familier est un habitué des jardins, alors qu'ailleurs sur le continent européen, il affectionne les milieux forestiers et se montre plus farouche.

Certains oiseaux sont encore plus familiers. Avec un peu de patience, ils viennent même manger dans votre main. La Mésange à tête noire et le Sizerin flammé font partie de ce groupe. Répandu dans la grande forêt boréale, le Mésangeai du Canada fréquente les campements à la recherche de nourriture. Au premier contact avec des humains, il peut même se percher sur une main pour prendre un bout de pain ou pénétrer dans un chalet pour ramasser des miettes.

Un comportement déconcertant

Plus le milieu est sauvage, moins les oiseaux ont tendance à être farouches envers l'homme. On cite le cas d'un chercheur qui, lors d'une visite dans une région nordique, attrapait des roitelets dans les arbres, aussi facilement que s'il s'agissait de petits fruits. La Nyctale de Tengmaim, d'une vingtaine de centimètres de longueur, se laisse occasionnellement prendre de la même façon.

Dans les années 1930, des centaines de Jaseurs boréaux avaient envahi le campus de l'Université de Washington, circulant autour des promeneurs et se perchant parfois sur eux. En 1924, une jeune femme qui participait à une excursion de camping dans l'État de New York eut la surprise de voir entrer dans sa tente un couple de Troglodytes familiers. Les oiseaux, qui nichaient dans un arbre à proximité, se mirent à fréquenter régulièrement l'abri de toile. Un matin, ils poussèrent l'audace jusqu'à s'installer sur l'oreiller pour arracher quelques cheveux de la dame afin de tapisser leur nid.

Certains oiseaux ont des comportements encore plus déconcertants. Au cours d'une journée pluvieuse d'automne, dans l'Iowa, un médecin trouva un colibri qu'il ramena chez lui pour le nourrir. Quand il avait faim, l'oiseau lançait un cri. Si son bienfaiteur ne réagissait pas assez rapidement, l'oiseaumouche se rendait alors à son bureau, voletant près de son visage ou se posant sur sa main en sortant la langue comme il le faisait habituellement pour se nourrir de nectar. Le colibri fut remis en liberté 10 jours plus tard à la première période de chaleur pour qu'il puisse continuer sa route vers le sud.

Plusieurs Colibris à gorge rubis sont si peu farouches qu'ils viennent manger aux abreuvoirs à quelques centimètres des observateurs. D'autres furètent parfois dans les oreilles de ceux qui les regardent, croyant sans doute qu'ils ont affaire à de nouvelles et étonnantes variétés de fleurs.

Le Jaseur boréal peut parfois être très familier.

Il y a quelques années, en mai, dans les Laurentides, au nord de Montréal, un promeneur, Gaétan Charbonneau, aperçut dans la forêt une Gélinotte huppée au comportement curieux. Prisé des chasseurs, ce gallinacé est plutôt farouche. Or ce jour-là, il s'est laissé approcher à moins de sept mètres sans manifester de crainte. Les fréquentations ont alors commencé entre l'oiseau et M. Charbonneau. Après quatre rencontres, la gélinotte n'hésitait plus à se percher sur la main de son nouveau compagnon pour y manger un peu de pain. Au bout d'un certain temps, l'amant de la nature n'avait plus qu'à siffler en pénétrant dans la forêt pour que l'oiseau sorte de sa cachette et l'accompagne sur une courte distance.

Même si on ignore toujours les raisons d'une telle familiarité, plusieurs cas semblables ont été rapportés chez la Gélinotte huppée, au cours des dernières décennies.

Plusieurs oiseaux ne semblent nullement gênés par la circulation automobile ou encore le bruit de la machinerie agricole. Dans d'autres cas, les véhicules sont considérés comme des ennemis et sont attaqués. Un Tétras des prairies vivant près d'un aéroport au Minnesota, par exemple, a «attaqué» chaque matin, durant deux ans, les avions qui atterrissaient sur la piste. Comme on s'en doute, l'histoire a mal fini et l'oiseau est mort après être entré en collision avec un des appareils.

Comment reconnaître ses parents

D'autres cas de familiarité sont ceux des oiseaux élevés par des humains et qui en viennent à les considérer comme leurs semblables, au point de les suivre partout. Le célèbre éthologiste Konrad Lorenz s'est longuement attardé sur ce phénomène attribuable à l'*imprinting*.

L'*imprinting*, que l'on pourrait traduire par empreinte, est une forme d'apprentissage rapide, presque instantané, qui prend effet durant une très courte période de la vie de l'oisillon, peu après l'éclosion. En général, les notions apprises durant la phase de l'*imprinting* ne peuvent être oubliées par la suite. Ce phénomène permet à l'oisillon de distinguer ses parents et les membres de son espèce. Il peut aussi retenir les éléments de base du chant et apprendre ainsi à s'exprimer.

Dans les heures qui suivent la naissance, les canards et les oies réagissent à l'être qui les accompagne: en l'absence des vrais parents, les oisillons vont vers celui qui les alimente. Si l'oiseau est élevé en captivité, par exemple, il suivra son «parent adoptif» partout. Il ira même parfois jusqu'à lui faire la cour et tentera de s'accoupler avec lui.

Le jeu

L'ornithologie nous réserve encore beaucoup de surprises. On se demande, par exemple, si les oiseaux peuvent s'amuser, comme le font les jeunes mammifères. On a découvert que des activités chez certaines espèces ressemblent, en effet, à des jeux.

En Islande, des observateurs ont vu des Eiders à duvet se laisser glisser sur les rapides d'une rivière, puis remonter sur la rive pour se lancer à nouveau dans les eaux, simplement pour le plaisir, semble-t-il. Le Manchot d'Adélie, lui, préfère se laisser glisser sur la glace jusqu'à l'eau, un jeu auquel il s'adonne de longs moments en groupe. Le Grand corbeau prend plaisir, croit-on, à laisser tomber des bouts de branches du haut des airs pour les rattraper au cours de leur chute.

De jeunes corvidés, comme les corneilles, les corbeaux, les choucas ou les pies, échangent des objets avec leurs becs au cours d'un rituel élaboré dont la signification nous échappe. De jeunes rapaces semblent parfois jouer avec des objets comme s'il s'agissait d'une proie qu'ils chassaient. On croit que ces «jeux» ont probablement un rôle dans l'apprentissage.

On a vu aussi des passereaux, notamment des moineaux, jeter inlassablement des cailloux sur un toit incliné en tôle, sur du verre ou sur le sol, pour entendre le bruit produit. Après avoir analysé le phénomène, les chercheurs ont conclu que le «plaisir» du jeu restait la seule explication logique de ce comportement.

On a déjà vu des Eiders à duvet glisser sur les rapides d'une rivière simplement pour le plaisir, semble-t-il.

Une histoire qui finit mal

Des sommes considérables d'argent et d'énergie ont été consacrées ces dernières années à la sauvegarde des espèces menacées. La réhabilitation du Faucon pèlerin dans l'est du Canada et des États-Unis ou du Grand Tétras en Écosse en sont des exemples.

La préservation de la faune ailée s'inscrit dans la grande bataille pour la protection de l'environnement. Hélas, le combat est loin d'être terminé. Si la chasse commerciale a été la cause principale de la disparition de plusieurs espèces durant les deux derniers siècles, ce n'est plus le cas aujourd'hui. La pollution et la destruction des habitats sont devenues des problèmes majeurs.

Une étude menée sur l'extinction des espèces du début du 17e siècle jusqu'à 1980 indique que 90 % des oiseaux disparus étaient insulaires, une situation qui s'explique en partie par l'exiguïté et la précarité de ces habitats. Dans la presque totalité des cas, l'introduction d'espèces compétitrices était en cause, un facteur auquel s'ajoutaient la destruction du milieu et la chasse commerciale excessive. Ces trois éléments agissaient parfois simultanément.

De nos jours, les disparitions importantes d'espèces d'oiseaux sont rares et ne font pas beaucoup jaser. On n'a guère entendu parler de ce petit passereau de Tanzanie, le Gladiateur des Uluguru, disparu depuis 1961 ou encore de la Paruline pied-blanc de l'île Sainte-Lucie, aperçue pour la dernière fois en 1972. Plusieurs Tourterelles de

Socorro, une espèce mexicaine, vivent encore en captivité, mais elles n'existent plus dans la nature depuis plusieurs années.

En 1987, on a pu lire dans des journaux du Canada et des États-Unis une brève mention de la disparition de la race noire du bruant maritime, dont les cinq derniers individus, des mâles, étaient gardés en captivité depuis sept ans. Ces oiseaux étaient confinés dans des marais autour de Cap Kennedy, en Floride. Les agrandissements des installations spatiales, la construction d'une route et un incendie de broussailles devaient finalement avoir raison de cette population très sédentaire.

Les plus gros oiseaux ayant vécu sur la planète sont le moa de la Nouvelle-Zélande et l'oiseau-éléphant de Madagascar.

Le moa, un genre d'émeu de trois mètres de haut, est disparu au siècle dernier vraisemblablement à cause de la chasse menée par les Maoris. Quant à l'oiseau-éléphant, sa taille était supérieur à celle du moa et il pesait 450 kg. Ses œufs avaient une capacité de neuf litres et leur poids pouvait atteindre 12 kg (l'œuf d'autruche pèse en moyenne 1,5 kg). L'œuf de l'oiseau-éléphant est d'ailleurs considéré comme la plus grande cellule vivante ayant jamais existé dans le monde animal.

La Dronte de Maurice fait partie des personnages du conte *Alice au pays des merveilles*. Mais cet oiseau a réellement existé, notamment sur l'île Maurice, dans l'océan Indien. De la grosseur d'un dindon, parfois décrit

Communément appelée «dodo», la Dronte de Maurice a été exterminée.

comme un immense pigeon incapable de voler, cet oiseau souvent appelé «dodo» selon l'origine éthymologie néerlandaise du mot, a été exterminé au début du 17e siècle. La dernière observation remonte à 1662.

In memoriam: le Grand Pingouin

Les grandes disparitions récentes sont toutes survenues en Amérique du Nord. Le Canard du Labrador (appelé aujourd'hui eider du Labrador), une espèce dont on ne sait presque rien, s'est éteint en 1875. Même s'il était chassé commercialement, il n'avait jamais été très abondant, croit-on.

Le Tétras des prairies, une espèce américaine, était déjà confiné depuis près de 100 ans sur l'île de Martha's Vineyard, le long de la côte atlantique du Massachusetts, quand les derniers spécimens furent emportés par la maladie ou abattus par des chasseurs. Il en restait 54 en 1924 et le dernier fut observé en 1932.

La dernière Conure de Caroline s'est éteinte dans un jardin zoologique en 1904 mais elle ne faisait déjà plus partie du paysage américain depuis 10 ans. Ce petit perroquet a été exterminé à cause des dommages qu'il causait aux cultures de maïs et aux vergers. Il déchiquetait les pommes pour en manger les pépins.

Le Grand Pingouin, lui, vivait dans le nord-est du Canada, dans l'estuaire du Saint-Laurent, au Groenland et dans certaines îles islandaises et britanniques. Cet oiseau, qui a donné la version anglaise de son nom aux manchots de l'Antarctique, mesurait environ 80 cm de long et se tenait debout sur ses deux pattes comme ses lointains cousins du Pôle sud.

Malheureusement pour lui, le Grand Pingouin ne craignait pas l'homme. Il ne volait pas mais pouvait parcourir de très grandes distances dans la mer en période migratoire. Il hivernait aussi loin que la Floride ou les côtes d'Espagne. Les explorateurs européens en tuèrent des millions pour s'approvisionner en viande fraîche, alors que les pêcheurs s'en servaient comme appât. La plus grosse colonie connue au 18ᵉ siècle était celle de Funk Island, sur la côte est de Terre-Neuve. Le rythme de destruction s'est accéléré quand on s'est mis à abattre les pingouins pour en extraire de l'huile ou en récupérer les plumes afin de fabriquer des matelas. La colonie fut entièrement exterminée entre 1585 et 1841. Les deux derniers spécimens furent tués le 4 juin 1844 près d'une île au large de l'Islande.

La Conure de Caroline a été éliminée de la planète en raison de ses habitudes alimentaires peu prisées.

La tourte: une épopée qui dépasse l'imagination

De toutes les extinctions modernes, celle de la Tourte voyageuse reste la plus spectaculaire et la mieux documentée.

Durant des décennies, la tourte semble avoir été l'espèce la plus abondante en Amérique du Nord. Les estimations varient de trois à cinq milliards d'individus, soit de 25 % à 40 % de la population d'oiseaux de ce qui correspond aujourd'hui au territoire des États-Unis.

Les migrations des «pigeons voyageurs», comme on les appelait, obscurcissaient le ciel tellement elles étaient importantes. Un témoin de l'époque décrit une volée qui formait, au printemps, un ruban de 500 km de longueur et un peu plus d'un kilomètre de largeur. Il raconte même que «les crottes tombaient du ciel comme s'il s'agissait de neige fondante».

Selon un des nombreux observateurs cités par Arthur Cleveland Bent dans son œuvre *Life Histories of North American Birds,* les volées d'oiseaux produisaient un bruit sourd semblable au «grondement des chutes Niagara» ou même d'une tornade.

En période migratoire, les forêts qui servaient de dortoir aux tourtes la nuit, étaient littéralement dévastées. Après leur départ, l'épaisseur de la couche de fiente au sol atteignait plusieurs centimètres et de nombreux arbres d'environ 60 cm de diamètre étaient brisés,

Le Grand Pingouin a été pourchassé jusqu'au dernier individu pour sa chair et ses plumes.

n'ayant pu supporter le poids d'autant d'oiseaux. Les branches les plus hautes avaient disparu comme si une tornade avait balayé la forêt.

Le dernier spécimen abattu en 1888

Essentiellement arboricole, la Tourte voyageuse nichait à l'est des prairies américaines et canadiennes, habituellement dans les forêts de hêtres. Au Québec, elle passait dans la vallée du Saint-Laurent surtout au printemps et en automne, lors des migrations. On ne croit pas qu'elle nichait sur le territoire québécois, sauf peut-être à l'île aux Tourtes, près de Montréal, bien qu'on n'en soit pas certain. Les aires de nidification pouvaient s'étendre sur plus de 500 km carrés et dans ces forêts, presque toutes les branches étaient occupées par des nids. Il n'était pas rare d'en compter une centaine dans un seul arbre.

Si on se fie aux témoins de l'époque, le nid de la tourte était semblable à celui de la Tourterelle triste: un amas de brindilles d'une solidité douteuse, habituellement à plus de trois mètres du sol. Il était fréquent de voir deux œufs dans le même nid. En raison de la densité de la population, il est possible qu'ils aient été pondus par deux femelles différentes. Le nombre de nichées ne fait pas l'unanimité. Certains estiment que les couples n'élevaient qu'une seule famille, alors que d'autres pensent qu'ils pouvaient se reproduire trois ou quatre fois par année.

L'incubation des œufs, d'une durée de 14 jours, était assurée par les deux parents. Les oisillons se nourrissaient des aliments régurgités par les adultes. Ils restaient au nid une quinzaine de jours pour ensuite être abandonnés par leurs parents. Après avoir survécu durant quelques jours grâce à leurs réserves de graisse, les jeunes quittaient finalement les lieux. L'alimentation de la tourte était composée de faînes, de glands, de châtaignes, d'autres petits fruits et d'insectes. Elle avait une prédilection pour le sel qui servait souvent d'appât pour la capturer. Les agriculteurs la considéraient comme une calamité.

La première mention de la tourte remonte à 1630 (on parlait alors de millions et de millions d'oiseaux), et c'est vers 1870 qu'a débuté le déclin de l'espèce. Le dernier spécimen aurait été abattu dans la nature en 1898. Quelques années plus tôt, les commerçants déploraient déjà la rareté des oiseaux. Que s'était-il donc passé?

Poursuivie par 5000 chasseurs

Deux causes sont à l'origine de la disparition de la tourte: la chasse commerciale et la transformation de la plus grande partie des aires de nidification en terres agricoles.

Bent signale qu'en 1879, 5000 personnes aux États-Unis chassaient la tourte commercialement à longueur d'année, autant sur les lieux de nidification que sur les aires d'hivernage, dans le sud du pays. Les chasseurs utilisaient des filets qui pouvaient capturer environ 2500 oiseaux par jour, parfois même jusqu'à 5000. Les volatiles étaient livrés à la ville par bateau ou par chemin de fer mais plusieurs étaient capturés vivants pour être utilisés dans les clubs de tir.

Les particuliers lui faisaient aussi une chasse sans merci. Quelques jours avant l'abandon des petits par les parents, des villages entiers se réunissaient dans les aires de nidification pour capturer les juvéniles. Les chasseurs allaient même jusqu'à abattre les arbres qui comptaient le plus de nids, ce qui permettait parfois de capturer 200 oiseaux d'un seul coup.

Les Québécois, grands amateurs de tourte, la chassaient même en pleine ville, de la fenêtre de leurs maisons. Les autorités de la ville de Québec ont d'ailleurs adopté à l'époque un règlement interdisant la chasse dans les limites de la municipalité parce que la bourre des fusils mettait parfois le feu aux toits des habitations.

La tourte avait une chair dont on raffolait, semble-t-il. On la servait en fricassée et on cuisait aussi les jeunes à la broche. Plusieurs oiseaux étaient capturés et engraissés. La tourte n'est cependant pas à l'origine du mot «tourtière», un plat fort populaire au Québec. Celle-ci vient plutôt du mot torta ou tourte, un terme utilisé en France au début du 17e siècle pour désigner une pâtisserie à la viande, au poisson ou aux légumes. Le récipient servant à préparer ce mets s'appelait, lui, une tourtière.

Si le ciel de l'Amérique était jadis obscurci par des nuages de tourtes, l'espèce a été effacée en quelques décennies seulement. La dernière tourte, qui vivait au zoo de Cincinnati, était née en captivité, à une époque où les membres «sauvages» de l'espèce avaient déjà été éliminés depuis plus d'une décennie. Elle s'appelait Martha. Elle mourut à l'âge vénérable de 29 ans, le 1er septembre 1914, à 13 h.

Épilogue

Depuis le siècle dernier, le monde des oiseaux a connu certains bouleversements et les populations de plusieurs espèces ont été touchées par d'importantes fluctuations. En Europe, les Goélands argentés et en Amérique du Nord, les Goélands à bec cerclé sont beaucoup plus nombreux que dans le passé, notamment en raison de la nourriture abondante qu'ils trouvent dans les dépotoirs, aux abords des grandes villes.

À l'inverse, l'Hirondelle rustique, encore appelée Hirondelle des cheminées en France et Hirondelle des granges au Québec, se fait plus rare sur les deux continents, phénomène qui s'expliquerait en partie par la diminution des sites de nidification.

La population de Bernaches du Canada qui niche dans le Grand Nord canadien est elle aussi en décroissance à cause de la chasse, et cela malgré les interventions gouvernementales mises de l'avant pour limiter la récolte. Cependant, les bernaches qui avaient été introduites dans plusieurs villes américaines et canadiennes il y a plusieurs décennies sont en pleine croissance et les autorités municipales tentent d'en freiner l'expansion. Ces oiseaux sédentaires sont peu chassés en raison de leur mode de vie urbain.

Au début du siècle, on comptait environ 4000 grandes Oies des neiges dans le couloir migratoire américain de l'Atlantique. Aujourd'hui, en dépit de la chasse, elles sont plus de 600 000. Les biologistes estiment que leur population diminuera au cours des prochaines années car la nourriture, surtout des graminées, est devenue insuffisante dans les aires de nidification de l'Arctique.

Bien que les populations d'oiseaux fluctuent considérablement au cours de leur évolution, on peut penser que le drame de la tourte ne se reproduirait pas aujourd'hui car la chasse est sévèrement réglementée. Au Québec, par exemple, il est interdit de chasser le Canard arlequin en raison de sa rareté. Les perturbations de l'environnement constituent de nos jours la principale menace à la survie des oiseaux.

En Amérique du Nord, les chasseurs ont dépensé près d'un demi-milliard de dollars pour protéger les milieux humides afin de favoriser la reproduction des oiseaux, notamment les canards. Déjà, à la fin des années 1930, dans l'Ouest canadien où avaient eu lieu de grandes sécheresses, on aménageait des marais pour sauver les canards. En protégeant les habitats, les associations de chasseurs et les groupes environnementaux ont contribué au maintien des populations d'oiseaux aquatiques.

Des milliers d'observateurs d'oiseaux, pour leur part, contribuent à recueillir des données scientifiques à travers le monde sur la nidification, sur les aires de distribution et sur la présence d'espèces rares.

Grâce à cette vigilance, les oiseaux pourront continuer encore longtemps à nous livrer leurs secrets.

Au Québec, le Canard arlequin est protégé en raison de sa rareté.

Les nouveaux noms d'oiseaux

En août 1991, la Commission internationale des noms français des oiseaux a statué sur le nom de toutes les espèces d'oiseaux au monde.

La liste qui suit est tirée de l'ouvrage *Noms français des oiseaux du monde* publié en 1993 aux Éditions Chabaud, en France, et aux Éditions Multimondes, au Québec. Elle regroupe les espèces nicheuses ou migratrices rencontrées régulièrement en Europe ou au Québec et dont le nom retenu par la commission est différent du terme employé usuellement.

Nouvelle terminologie	*Nom usuel au Québec*	*Nom usuel en France*
Alouette hausse-col	Alouette cornue	Alouette hausse-col
Arlequin plongeur	Canard arlequin	Garrot arlequin
Balbuzard pêcheur	Balbuzard	Balbuzard pêcheur
Bec-croisé bifascié	Bec-croisé à ailes blanches	Bec-croisé bifascié
Bec-croisé des sapins	Bec-croisé rouge	Bec-croisé des sapins
Bécassin à long bec	Bécasseau à long bec	Limnodrome à long bec
Bécassin roux	Bécasseau roux	Limnodrome à bec court
Bihoreau gris	Bihoreau à couronne noire	Héron bihoreau
Canard branchu	Canard branchu	Canard carolin

Nouvelle terminologie	Nom usuel au Québec	Nom usuel en France
Canard d'Amérique	Canard siffleur d'Amérique	aucun
Canard siffleur	aucun	Canard siffleur d'Europe
Chevalier bargette	aucun	Bargette du Térek
Chevalier grivelé	Chevalier branlequeue	Chevalier grivelé
Chevêche d'Athéna	aucun	Chouette chevêche
Chevêchette d'Europe chevêchette	aucun	Chouette
Chevêche des terriers	Chouette de terriers	aucun
Combattant varié	Bécasseau combattant	Chevalier combattant
Crabier chevelu	aucun	Héron crabier
Cygne chanteur	aucun	Cygne sauvage
Cygne siffleur	Cygne siffleur	Cygne de Bewick
Cygne tuberculé	Cygne tuberculé	Cygne muet
Dickcissel d'Amérique	Dickcissel	aucun
Durbec des sapins	Durbec des pins	Durbec des sapins
Effraie des clochers	Effraie des clochers	Chouette effraie
Eider du Labrador	Canard du Labrador	Canard du Labrador
Érismature rousse	Canard roux	Érismature rousse
Étourneau roselin	aucun	Martin roselin
Faisan de Colchide	Faisan de chasse	Faisan à collier
Fuligule à collier	Morillon à collier	Fuligule à collier
Fuligule à dos blanc	Morillon à dos blanc	Fuligule à dos blanc
Fuligule à tête rouge	Morillon à tête rouge	Fuligule à tête rouge
Fuligule milouinan	Grand morillon	Fuligule milouinan
Fulmar boréal	Fulmar boréal	Pétrel fulmar
Gallinule poule-d'eau	Poule d'eau	Poule d'eau
Garrot d'Islande	Garrot de Barrow	Garrot d'Islande
Goéland arctique	Goéland arctique	Leucoptère à ailes blanches

Nouvelle terminologie	Nom usuel au Québec	Nom usuel en France
Goéland marin	Goéland à manteau noir	Goéland marin
Goglu des prés	Goglu	aucun
Grand harle	Grand bec-scie	Harle bièvre
Grand-duc d'Europe	aucun	Hibou grand-duc
Grèbe esclavon	Grèbe cornu	Grèbe esclavon
Guillemot de Brünnich	Marmette de Brünnich	Guillemot de Brünnich
Guillemot marmette	Marmette de Troïl	Guillemot de Troïl
Guiraca bleu	Passerin bleu	aucun
Harelde kakawi	Canard kakawi	Harelde de Miquelon
Harfang des neiges	Harfang des neiges	Chouette harfang
Harle couronné	Bec-scie couronné	aucun
Harle huppé	Bec-scie à poitrine rousse	Harle huppé
Hirondelle rustique	Hirondelle des granges	Hirondelle de cheminée
Jaseur d'Amérique	Jaseur des cèdres	aucun
Lagopède alpin	Lagopède des rochers	Lagopède alpin
Macreuse à front blanc	Macreuse à front blanc	Macreuse à lunettes
Macreuse brune	Macreuse à ailes blanches	Macreuse brune
Macreuse noire	Macreuse à bec jaune	Macreuse noire
Marmaronette marbrée	aucun	Sarcelle marbrée
Marouette de Caroline	Râle de Caroline	aucun
Martinet à ventre blanc	aucun	Martinet alpin
Mésangeai du Canada	Geai du Canada	aucun
Monticole bleu	aucun	Merle-bleu
Monticole des roches	aucun	Merle de roche
Mouette atricille	Mouette à tête noire	aucun
Mouette blanche	Mouette blanche	Mouette ivoire
Niverolle alpine	aucun	Niverolle des Alpes
Nyctale de Tengmaim	Nyctale boréale	Chouette Tengmaim
Océanite cul-blanc	Pétrel cul-blanc	Pétrel cul-blanc

Nouvelle terminologie	Nom usuel au Québec	Nom usuel en France
Océanite de Wilson	Pétrel océanite	aucun
Panure à moustache	aucun	Mésange à moustaches
Paruline à gorge noire	Paruline verte à gorge noire	aucun
Paruline bleue	Paruline bleue à gorge noire	aucun
Paruline grise	Paruline grise à gorge noire	aucun
Pélican d'Amérique	Pélican blanc d'Amérique	aucun
Petit Blongios	Petit Butor	aucun
Petit Fuligule	Petit Morillon	Fuligule à tête noire
Petit Pingouin	Petit Pingouin	Pingouin torda
Petit Puffin	Petit Puffin	Puffin semblable
Petit-duc scops	aucun	Hibou petit-duc
Phalarope à bec étroit	Phalarope hyperboréen	Phalarope à bec étroit
Phalarope à bec large	Phalarope roux	Phalarope à bec large
Pie bleue	aucun	Pie à calotte noire
Plongeon à bec blanc	Huard à bec blanc	Plongeon à bec blanc
Plongeon catmarin	Huard à gorge rousse	Plongeon catmarin
Plongeon du Pacifique	Huard du Pacifique	aucun
Plongeon huard	Huard à collier	Plongeon imbrin
Pluvier à collier interrompu	Pluvier à collier interrompu	Gravelot à collier interrompu
Pluvier bronzé	Pluvier doré d'Amérique	Pluvier dominicain
Pluvier doré	Pluvier doré d'Eurasie	Pluvier doré
Pluvier grand-gravelot	Grand Gravelot	Grand Gravelot
Pluvier petit-gravelot	aucun	Petit gravelot
Râle des genêts	aucun	Râle de genêt
Rémiz penduline	aucun	Mésange rémiz
Roselin githagine	aucun	Bouvreuil githagine
Sirii ricoti	aucun	Sirii de Dupont
Talève sultane	aucun	Porphyrion bleu

Nouvelle terminologie	Nom usuel au Québec	Nom usuel en France
Talève violacée	Gallinule violacée	Talève pourprée
Tarier des prés	aucun	Traquet tarier
Tarier pâtre	aucun	Traquet pâtre
Tarin des pins	Chardonneret des pins	aucun
Tétras à queue fine	Gélinotte à queue fine	aucun
Tourte voyageuse	Tourte	Pigeon voyageur
Troglodyte mignon	Troglodyte des forêts	Troglodyte mignon
Tyran des savannes	Tyran à queue fourchue	aucun
Vautour percnoptère	aucun	Percnoptère d'Égypte

Le Grand Harle est une des espèces dont le nom a changé en 1991.

Bibliographie

BELLEROSE, Frank C., *Ducks, Geese and Swans of North America,* Stackpole Books, 1980, 540 pages.

BENT, Arthur Cleveland, *Life Histories of North American Jays, Crows and Titmice,* Dover Publications, New York, 1988, 635 pages.

BENT, Arthur Cleveland, *Life Histories of North American Birds of Prey,* Vol. 1, Dover Publications, New York, 1961, 410 pages.

BENT, Arthur Cleveland, *Life Histories of North American Gallinaceous Birds,* Dover Publications, New York, 1963, 588 pages.

BENT, Arthur Cleveland, *Life Histories of North American Blackbirds, Orioles, Tanagers and Allies,* Dover Publications, New York, 1965, 587 pages.

BENT, Arthur Cleveland, *Life Histories of North American Wagtails, Shrikes, Vireos and their Allies,* Dover Publications, New York, 1965, 460 pages.

COMMISSION INTERNATIONALE DES NOMS FRANÇAIS DES OISEAUX, *Noms français des oiseaux du monde,* Éditions MultiMondes, Sainte-Foy, 1993, 452 pages.

CYR, André et Jacques LARIVÉE, *Atlas saisonnier des oiseaux du Québec,* Société de Loisir Ornithologique de l'Estrie, Sherbrooke, 1995, 717 pages.

DORST, Jean, *La vie des oiseaux,* Tome 1, Éditions Rencontre Lausanne, Lausanne, 1971, 381 pages.

EN COLLABORATION, *A Dictionnary of Birds,* Buteo Books (for The British Ornithologists' Union), Vermillion, 1985, 670 pages.

GÉNSBØL, Benny, *Guides des rapaces diurnes, Europe, Afrique du Nord, Proche-Orient,* Delachaux et Niestlé, Paris, 1988, 383 pages.

GÉROUDET, Paul, *Grands échassiers, gallinacés, râles d'Europe,* Delachaux et Niestlé, Paris, 1994, 429 pages.

GILL, Frank B., *Ornithology,* W.H. Fereman and Company, New York, 1994, 763 pages.

GINGRAS, Pierre, «À Tire d'aile», *La Presse,* Montréal, 1987-1995 (375 chroniques).

GODFREY, W. Earl, *Les oiseaux du Canada,* Musée national des sciences naturelles, Ottawa, 1986, 650 pages.

HARRISON, Hal H., *A Field Guide to Bird's Nest,* Hougton Mifflin Company, Boston, 1975, 267 pages.

LEAHY, Christopher, *The Birdwatcher's Companion,* Bonanza Books, New York, 1982, 917 pages.

LEFRANC, Norbert, *Les pies-grièches d'Europe, d'Afrique et du Moyen-Orient,* Delachaux et Niestlé, Paris, 1993, 240 pages.

LOCKLEY, Ronald M., *Seabirds of the World,* Facts on File, New York, 1983, 160 pages.

MADGE, Steve et Hilary BURN, *Guide des canards, des oies et des cygnes,* Delachaux et Niestlé, Paris, 1995, 303 pages.

MARTIN, Paul-Louis, *Histoire de la chasse au Québec,* Boréal Express, Montréal, 1990, 408 pages.

MONROE, Burt L. et Charles G. SIBLEY, *A World Checklist of Birds,* Yale University Press, New Haven, 1993, 393 pages.

NATIONAL GEOGRAPHIC SOCIETY, *Guide d'identification des oiseaux de l'Amérique du Nord,* Éditions Marcel Broquet, Laprairie, 1987, 472 pages.

OUELLET, Henri, *Les oiseaux des collines montérégiennes et de la région de Montréal,* Musée national des sciences naturelles, Ottawa, 1974, 167 pages.

PERRINS, C. et M. CUISIN, *Les oiseaux d'Europe,* Delachaux et Niestlé, Paris, 1987, 320 pages.

PERRINS, Christopher M. et Alex L.A. MIDDLETON, *The Encyclopedia of Birds,* Facts on File, New York, 1985, 463 pages.

PETERSON, Roger, *Les oiseaux de l'est de l'Amérique du Nord,* Éditions Broquet, Laprairie, 1994, 386 pages.

ROBERT, Michel, *Les oiseaux menacés du Québec,* Association québécoise des groupes d'ornithologues et Environnement Canada, Québec, 1989, 109 pages.

SCHNEIDER, Dan, «Starling Wars», in *Nature Canada,* Canadian Nature Federation, automne 1990.

STOKES, Donald W., *Nos oiseaux, tous les secrets de leurs comportements,* Tome 1, Les Éditions de l'Homme, Montréal, 1989, 359 pages.

STOKES, Donald W., *Nos oiseaux, tous les secrets de leurs comportements,* Tome 2, Les Éditions de l'Homme, Montréal, 1989, 366 pages.

STOKES, Donald W., *Nos oiseaux, tous les secrets de leurs comportements,* Tome 3, Les Éditions de l'Homme, Montréal, 1990, 415 pages.

TERRES, John K., *The Audubon Society Encyclopedia of North American Birds,* Alfred A. Knoph, New York, 1982, 1110 pages.

Table des matières

**le jour,
éditeur**

Ouvrages parus au Jour

Affaires, loisirs, vie pratique

* **L'affrontement,** Henri Lamoureux
* **Les bains flottants,** Michael Hutchison
* **Le cœur de la baleine bleue,** Jacques Poulin
* **Conte pour buveurs attardés,** Michel Tremblay
* **La France à la québécoise,** André Bergeron et Émile Roberge
* **Le guide du répondeur bien branché,** Robert Blondin et Lucie Dumoulin
* **J'avais oublié que l'amour fût si beau,** Évette Doré-Joyal
* **Jean-Paul ou les hasards de la vie,** Marcel Bellier
* **Oslovik fait la bombe,** Oslovik
* **Questions réponses sur vos droits et recours,** François Huot

Animaux

Le berger allemand, Dr Joël Dehasse
Le bobtail, Dr Joël Dehasse
Le boxer, Dr Joël Dehasse
Le caniche, Dr Joël Dehasse
Le chat himalayen, Nadège Devaux
Le doberman, Dr Joël Dehasse
Le husky, Dr Joël Dehasse
Le labrador, Dr Joël Dehasse
Le persan chinchilla, Nadège Devaux
Le serin (canari), Michèle Pilotte
Le yorkshire, Dr Joël Dehasse

Ésotérisme, santé, spiritualité

L'astrologie pratique, Wofgang Reinicke
**Couper du bois, porter de l'eau — Comment donner une dimension spirituelle à la vie de tous les
    jours,** Collectif
Dans l'œil du cyclone, Collectif
De l'autre côté du miroir, Johanne Hamel
Les enfants asthmatiques, Dr Guy Falardeau
Le grand livre de la cartomancie, Gerhard von Lentner
Grand livre des horoscopes chinois, Theodora Lau
Jeûner pour sa santé, Nicole Boudreau
Où habite le bon Dieu?, Marc Gellman et Thomas Hartman
* **Pour en finir avec l'hystérectomie,** Dr Vicki Hufnagel et Susan K. Golant
Pouvoir analyser ses rêves, Robert Bosnak
Le pouvoir de l'auto-hypnose, Stanley Fisher
Questions réponses sur la maladie d'Alzheimer, Dr Denis Gauvreau et Dr Marie Gendron
Questions réponses sur la ménopause, Ruth S. Jacobowitz
Renaître, Billy Graham
Sagesse amérindienne, Dhyani Ywahoo
Un mot dans le silence, un mot pour méditer, John Main

Essais et documents

Psychologie, vie affective, vie professionnelle, sexualité

Les secrets de la communication, Richard Bandler et John Grinder
Se faire obéir des enfants sans frapper et sans crier, B. Unell et J. Wyckoff
Seuls ensemble, Dan Kiley
La sexualité des jeunes, Dr Guy Falardeau
Le succès par la pensée constructive, Napoleon Hill
La survie du couple, John Wright
Tous les hommes le font, Michel Dorais
Transformez vos faiblesses, Dr Harold Bloomfield
Triomphez de vous-même et des autres, Dr Joseph Murphy
* **Trop peu de sexe... trop peu d'amour,** Jonathan Kramer et Diane Dunaway
* **Un homme au dessert,** Sonya Friedman
* **Uniques au monde!,** Jeanette Biondi
Vivre à deux aujourd'hui, Collectif sous la direction de Roger Tessier
Vivre avec les imperfections de l'autre, Dr Louis H. Janda
Vivre avec passion, David Gershon et Gail Straub
Les voies de l'émerveillement, Guy Finley
Volez de vos propres ailes, Howard M. Halpern
Votre corps vous parle, écoutez-le, Henry G. Tietze
Vouloir vivre, Andrée Gauvin et Roger Régnier
Vous êtes vraiment trop bonne..., Claudia Bepko et Jo-Ann Krestan

---

* Pour l'Amérique du Nord seulement. (950615)

imprimerie gagné ltée

IMPRIMÉ AU CANADA